制野俊弘

命と向きあう教室

ポプラ社

命と向きあう
教室

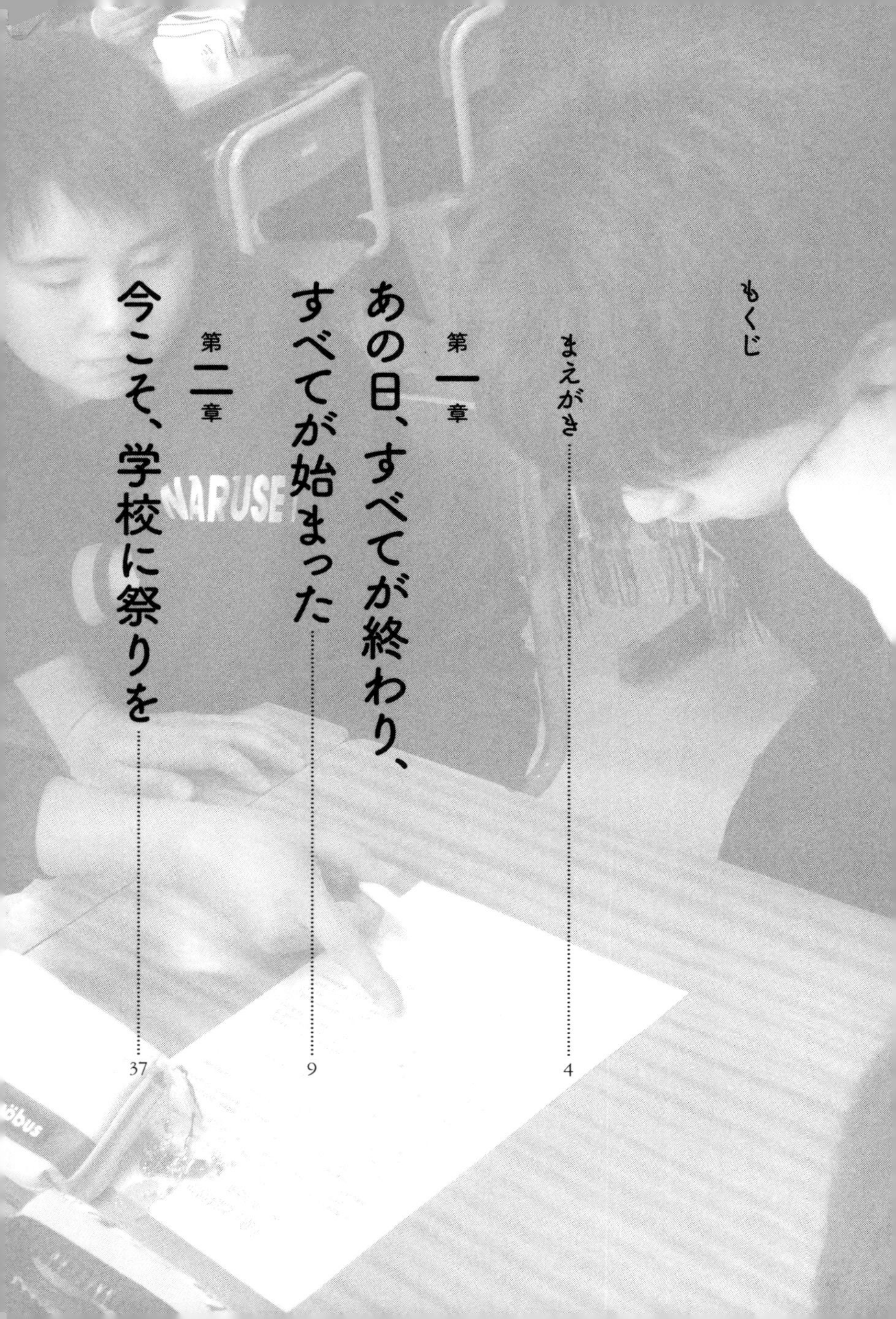

もくじ

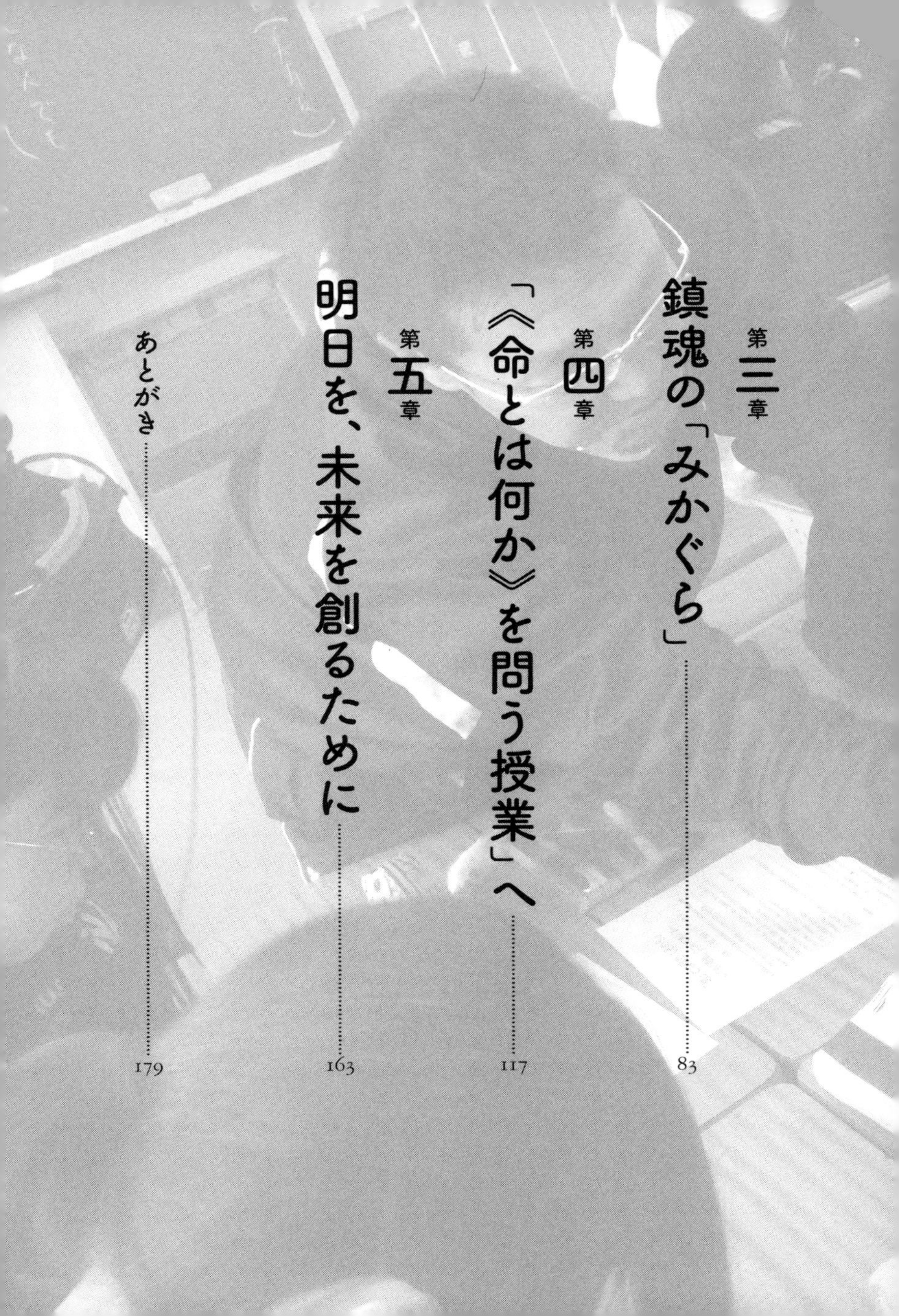

まえがき

本書は、昨年NHKスペシャル「命と向きあう教室～被災地の15歳・1年の記録～」でも放映された「《命とは何か》を問う授業」と、その背後にあった様々な取り組みをまとめた中学生の記録です。

「祈り」と「鎮魂」は教育のテーマになり得るのだろうか――本書は、このテーマに挑んだ実践記録であり、その答えを探すべく、果敢に挑んだ被災地の中学生たちの生活記録です。ある日、突然、肉親や故郷を失った中学生が、どのような教育実践の中で光明を見出し、どのようにして内なる魂を鼓舞し、湧き出るような底力を発揮していったかを追った生活記録です。暗闇の中から少しずつ根をはり、やがて小さな芽を出す子どもたちの物語でもあります。

震災六年目を迎えた今、二〇一一年三月十一日が、私たち日本人にとって特別な日だったという事実は、悲しいかな少しずつ薄らいできています。国策としての優先順位も曖昧なまま推移しています。東京オリンピックの開催決定以降、資材の高騰による一部復興政策の変更や復旧工事の遅れが指摘されています。

被災地には、今なお、心の復興が遂げられず、闇を抱えたまま日々を暮らしている人々がたくさんいます。春の穏やかな日差しに映える青葉も、秋の美しい紅葉の彩も、すべての時が止まったかのようにセピア色なのです。「時が解決する」などとは言えない状況が、被災地には広く残っているのです。

子どもたちは、そのセピア色の中で生活しています。この重苦しい空気を吸って、生きているのです。

「記憶の危機」は「命の危機」に直結します。「記憶の喪失」は「命の喪失」そのものです。あの震災は一体何だったのか――子どもたちの声は、このことを純粋に発信しています。

特に、本書に登場する子どもたちの多くは、あの震災で大切な人を亡くしました。当初は前を向く気力も、生きる希望も失った子どもたちです。母親の亡骸を前に言葉を失い、行方不明の父親と夢の中で会話を交わす子どももいます。母親と姉が津波で拐われそうになるのを、立ちすくんで何もできずに逝かせてしまった子どももいます。介護施設に勤め、入所していた老人とともに亡くなった母親への思いを、ずっと胸の奥にしまいこんでいた子どももいます。

そして、その子どもたちを静かに見守り、悲しみや苦しみを分かち合おうとする仲間たちがいます。

この子どもたちの作文は、私たちの胸を熱くします。中には胸が張り裂けそうになりながらも、「命の大切さ」を考えるきっかけとして作文を綴った子どももいます。「記憶の危機」を何とか押し留め、後世の「命」のために、泣きながら綴った子どもの作文も登場します。

これらはすべて次代に「命をつなぐ」ために綴られたものです。自他の「命」をつなぎ止めるために綴られたのです。「命の危機はもう自分たちだけで十分だ」という熱いメッセージが、ここには込められています。

「何を考えているのかわからない」「下手をすれば何をされるかわからない」「身勝手な言動ばかりが目につく」——そんな中学生に対する誤解や偏見に対して、本書では失った「命」から真摯に学ぶ中学生の健気な姿を、仲間とつながることを通して前向きなエネルギーを復活させていく中学生の姿を浮き彫りにしていきます。

キーワードは「本音」。「本音」を吐露しづらい世の中に対する、強烈なカウンターの言葉の数々は、「教育とは何か」「学校とは何か」を私たちに問いかけています。抜き差しならない状況の中で、子どもたちが紡ぎ出す言葉の一つ一つが、今、私たちの踏むべき光の道を示唆してくれます。

泣きたい人は思い切り泣いていい。後悔する人は思い切り後悔していい。弱い人は一人で悩まずに「私は弱い」と叫べばいい。きっと誰かが受け止めてくれる。そんな世の中つくろうぜ――こんな思いが伝わる生活記録です。

「千年に一度」と言われる災害のもとに育ちつつある子どもたちの、そして復興の未来を生きる子どもたちの「声」をぜひ心に留めてください。

そして、それはもしかすると、亡くなった仲間たちや身近な人々の「声なき声」かもしれません。

前・東松島市立鳴瀬未来中学校
（現・和光大学准教授）　制野俊弘

第一章

あの日、すべてが終わり、すべてが始まった

鎮魂の夏

夏草が繁茂した、大津波の跡地に残る家々の跡——わずかに見えるコンクリートの基礎跡からは、かすかに生活の臭いが漂ってきますが、それも以前の風景を知る人のみの感覚になってしまいました。今は、わずかな記録と生き残った人々の記憶にのみ残る遠い風景となってしまいました。

幼い頃、よく父親に連れてこられた海水浴場で有名な野蒜《のびる》海岸は、この町から少し離れたところにありました。海水浴と言ってもカラフルな浮き輪はわが家にはなく、父親がどこからかもらってきたトラックのタイヤのゴムチューブに乗せられて遊びました。

その帰り道、私たちはよくこの町の小さな店に立ち寄りました。海水が肌にこびりついたままの私は、父親にせがんでアイスクリームを買ってもらいました。海水でひりひりしている喉に染み渡るアイスクリームは際だって甘く、店先にぶらさがった色とりどりの浮き輪がとても眩しかったのを覚えています。

そんな夏の日差しの中に浮き立つ、白い凝灰岩《ぎょうかいがん》の「野蒜石」の塀に囲まれた、静かな浜辺の町はもうありません。今年もまた鎮魂の夏が、悲しく静かに過ぎゆくのでした。

十字架

この町の名は、宮城県東松島市《ひがしまつしま》にある野蒜・新町《しんまち》。人口八百人のこの町で、亡くなった人は百五十人余り。野蒜地区全体では、住民四千八百人のうち、五百名以上が命を落としました。一割以上の住民が命を落としました。地域に配布されていた「津波浸水マップ」が、その本意とは裏腹に、人々の意識を硬直化させました。

「こんなところまで……本当に来た……」

あの津波の猛威を目の当たりにした時、人々はその凄さよりも、実際に津波が押し寄せて来たことに、ただただ驚きました。不安や焦燥、後悔は、その後、猛烈な勢いでやってきました。

三月十一日。僕は公成《こうせい》の家で、友達四人で遊んでいました。皆で買い物に行こうと、立石屋《たていしや》に着いた途端、あの大きな地震が起きました。地震のあまりの大き

さに動くことができず、揺れが小さくなるのを待って公成の家に戻りました。一緒にいた友達が、

「津波が来るかもしれない」

と言ったので高台に避難しました。

高台には近所の人たち、十数人も避難していました。避難している時、雪が降ってきたので知らないおじさんに、

「寒いから車の中に入れ」

と言ってもらったので車の中に入りました。車に乗ってすぐに公成のお母さんが来てくれて、その顔を見てすごい安心しました。公成がお母さんのところに行ったので僕もおじさんの車を出ました。その瞬間、公成が、

「津波だ！」

と叫んだので、下の道路を見たら黒く低い波が見え、そしてすぐに大きな黒い波が迫って来ました。

あの大きな波を見た途端、僕は頭の中が真っ白になり、気がつくと水は膝くらいまで来ていて僕は流されました。水の勢いで草むらを転がされ、どんなふうに

流されたかは覚えていません。気づくと僕は川の中にいました。不思議と水の冷たさは感じませんでしたが、川の中を流されている時、瓦礫《がれき》に挟まれ水面に顔を上げることができなくて、とても苦しく、(もう駄目だ)と思いました。しかし、一度深く潜って水面を目指したら、瓦礫も何もない所へ出る事ができました。近くに流れていたタイヤに掴まることができ、電線や瓦礫にぶつからないように一生懸命泳ぎました。

河口の方に流されている僕に、避難していたおばあさんたちが、

「そっちに行っては駄目だ。こっちへ来い」

と、一生懸命呼びかけてくれていたことを後から知りました。僕にはおばあさんたちの声は聞こえませんでしたが、僕は声のする方に泳いでいたそうです。僕は何とかして残っていたよその家の屋根の上に上りました。僕は、

「誰かいないか」

と大声で叫んだけど、何も反応がなく、公成たちの事も心配だったし、一人でとても不安でした。

どのくらい時間が経ったかわかりませんが、うとうとと眠りそうになりました。

突然、僕の名前を呼ぶ声が聞こえ、僕も公成の声だとすぐにわかったので、公成の名前を呼び返しました。公成の声を聞いた時はとても安心しました。

しばらくすると、僕がいた家の人が来て、

「今、助けるから待ってろ」

と言われ、僕はずっと待っていました。待っていた時間は三十分くらいだったと思いますが、助けてもらうまでの時間はとても安心しました。二階の窓が開き、おじさんとおばさんが僕を引き上げてくれた時、(助かった)と思いました。家の中に入れてもらい、服を着替えさせてもらった僕は、寒さと恐怖で体の震えが止まりませんでした。そして、おじさんから、

「あそこの家は津波の被害がないし、みんないるからそこに行きなさい」

と、一番高台にあった家を教えられたので、僕はそこに行きました。そうしたら公成とそのお母さんや近所の人たちもたくさんいて、すごく安心しました。

僕は、おじさんとおばさんに偶然助けてもらったと思っていましたが、実はそのおじさんたちも逃げている時、車が流されてしまい、諦めかけていた時、流されている僕を見つけ何とか助けなければと思い、車の窓を開け浮いている車を手

で漕いで、僕の所へ向かったと母から聞かされました。僕は、おじさんに教えてもらった家で一緒にいた人たちに手当をしてもらい、そのままひと晩過ごさせてもらいました。その夜は家族の事が心配でとても不安でしたが、公成がいてくれたので心強かったです。

夜が明けて朝になると、お世話になった家に男の人が来て、

「生存者がいるかもしれないから助けるの手伝って」

と言われ、僕と公成は手伝いに行きました。助けに行く途中、亡くなった人がたくさんいて、もう毛布やビニールがかけられている人や何もかけられていない人がいました。僕は車の中にいた人に声をかけたりして手伝いました。中には足にひどいけがをしている人もいました。

僕はお世話になった家に戻って、公成とそのお母さんと四人で浅井《あさい》の避難所に向かいました。避難所で僕はすぐに避難者名簿を見ましたが、名簿には家族の名前がなく（どうしよう）と思いましたが、親戚のおばさんが僕を見つけてくれて、

「一緒にいなさい」

と言ってくれたので少し安心しました。時計がなかったので時間がわかりませ

んでしたが、しばらくして消防の人に連れられて中下の避難所に行きました。そこへ祖父母が来て、再会することができました。祖父母の顔を見て僕は本当に安心しました。祖父母も僕のことをとても心配していて、僕は会った瞬間、泣いて喜んでいました。

それから三十分くらいしてから母が探しに来てくれました。母も友だちの家や小学校、お寺などいろんな所を探し回り、お寺で平山《ひらやま》先生から僕が中下《なかしも》の避難所にいることを聞き、急いで来たと言っていました。

家族がみんな、別々の場所で被災したのに中下の避難所で全員が会えたのは奇跡だと思いました。（佑《ゆう》）

新町から二百メートルあまり離れた高台にいた佑は、膝下まで来た津波にのみ込まれ、そのままゴロゴロと草むらを転がされた後、東名《とうな》運河に押し流されました。東名運河とは、明治初期の野蒜築港（日本初の近代港湾だったが、建設中に台風で崩壊し、幻の近代港湾となった）に併せて作られた運河のことです。

水面に這い出ようとする佑を、幾多の瓦礫が阻みます。作文からは、泳ぐことが不得

旧鳴瀬二中を直撃する津波

意な佑が、決死の覚悟で水中に潜り、呼吸が確保できる水面を目指したことがわかります。鳴瀬川《なるせ》の河口方向に流される佑に、岸からおばあさんたちが必死に呼びかけました。もし河口に流されれば、その先には太平洋が待っています。顔にけがをしながらも、必死で命をつないだ様子が伝わってきます。

三月十一日。僕はあんな日が来るなんて信じられなかった。今でも。

あの日、先輩方の卒業式でした。午前で学校が終わった僕は、佑と駿紀《としき》と拓海《たくみ》と遊ぶ約束をし、家に招きました。住み始めて四ヶ月くらいの新築の家で、来たがっている友だちもたくさんいました。あの四ヶ月間は父と母と三人で幸せな時間でした。

「おじゃまします」

と声が聞こえ、三人の友だちが入ってきました。その日の卒業式の話をしたり、とても盛り上がっていました。

午後の二時半くらいになって駿紀が、

「お菓子買いに行こう」

と言うので、近くの立石商店へ歩いて行きました。

そして、店へ足を踏み入れた途端、（ガタガタガタッ）と大きな揺れが起こりました。立っていられなくなり、慌てて道路の真ん中でしゃがんでいました。しかし、揺れが収まらず、雪が吹雪く中を大急ぎで走り家へ戻りました。

「危ないから外で待ってて」

と、佑たちに言って一人で家の中に入りました。すると何から何まで物が落ち、とても片付けられる状態ではありませんでした。二人で出かけていた両親に連絡だけでもとろうと思いましたが、電話はつながらず身動きがとれませんでした。

その後、佑たちと高さ三～四メートルの高台へ上り避難しました。数分してから、駿紀の母親が迎えに来て、駿紀と拓海は帰っていきました。

二人が帰ってから佑が、

「俺も自転車で帰るから」

と言い出しました。僕は、

「ダメだ。帰ってる途中に何かあったらどうするんだ」

と呼び止めました。

僕と佑は薄着だったので高台を下り、家からタオルを持ってきました。高台へ避難してくる人たちも多く、高台の下で何分か誘導をしてから佑にタオルを渡しに行きました。親切な男の人が「寒いから」と言って高台に置いてあった車の中へ入れてくれました。車の中に十分くらいいましたが、その時車の外に母の姿が見えました。僕のことを心配してくれた両親は、出かけた先の石巻《いしのまき》から野蒜まで戻ってきてくれたそうです。

しかし、喜びもつかの間。海岸の方から少しずつ波が見えてきました。その時は（まさかここまでは来ないだろう）と思っていました。次の瞬間、目の前に波が押し寄せてきました。

「えっ」

とにかくあの時は頭が真っ白というより真っ暗になりました。

「走れ！」

僕たちは津波から逃げるように走りました。運よく小屋のようなところがあり、間一髪そこに逃げ込みました。だけど佑は波に流されてしまいました。僕たちの小屋のそばを、

「助けてー、助け……」

と叫びながら流れていく人たちもたくさんいました。水かさが増していく小屋の中で僕は母に聞きました。

「そう言えば親父って、お母さんと出かけてたんだよね？」

すると母は、

「お父さんは、公成が家の中にいるか、確認しに家へ入ったの」

と暗い声で言いました。それを聞いた僕は言葉を失いました。

どんどん増していく水かさは、僕たちの首までにたっし、小屋から屋根によじ登ろうとしました。最初に僕から上がり始めましたが、濡れた服がとても重く、寒さで手にも力が入りませんでした。僕の体はぶら下がった状態になりました。

そして、次の瞬間手が離れてしまいました。その時は（死んだ）と思いました。でも自分の生きたいという気持ちの方が、津波の力に勝りました。腕が伸び、足が何とかつき、九死に一生を得ました。どんどん波が引いていきました。

「助かった」

何度も何度も、その言葉が口からこぼれました。

でも油断できなかった。僕たちは少し高い山へ身を寄せ合いました。山の上から流された佑の名前を呼ぶと、

「助けてー」

と叫ぶ声が聞こえました。

「生きてた」

そうつぶやいた僕は何だか気持ちが楽になりました。あの時「帰るな」と言わなかったら、どうなっていたことかと思いました。

その山の陰になっていた一軒の無事だった家に、ひと晩いさせてもらうことにしました。津波から二時間くらいが経って、流された佑がそこへ来て合流することができました。夜もずっと津波が来るんじゃないかと警戒し、しきりに確認しました。夜中、外に出ると、空一面に星が広がっていました。きれいな星というよりも、不気味な感じがしてとても怖かったです。その夜はとにかく大切な仲間たちが大丈夫であることを、ただひたすら祈り続けました。

次の朝、僕たちは大人の人に、

「近くに生きている人がいるから手伝ってくれ」

と頼まれ、そこへ行きました。そこにあったのは僕の父親の車でした。

（もしかしたら）

と僕は思いました。しかし、中には別な人が乗っていました。残念な気持ちになりましたが、とにかくその人たちを助けようと思いました。

（父の物が人を救ったんだ）

と前向きに考えるようにしました。

その後、浅井の公民館に向かいました。炊き出しで出されていたおにぎりを食べて元気が出ました。ここでは平山先生ら三人の先生方や前日に一緒にいた敏雄《としお》や拓斗《たくと》、卒業式の謝恩会から戻ってきた、一輝《かずき》先輩といったたくさんの人たちに会いました。震災の夜を一緒に過ごした優太《ゆうた》も、家族と再会し嬉しそうでした。佑とはここで別れました。

そうしているうちに、父の実家の秋保《あきう》から、おじいさんとおばあさんが迎えに来てくれました。

「父はもしかしてだめだったかもしれない」

と話すと、おじいさんたちは悲しそうでした。

秋保に行く前に、僕たちは中下の定林寺《じょうりんじ》に向かいました。
（もしかしたら父が避難しているかもしれない）
そう思ったからです。でもそこには父はいませんでした。だけど学校に部活の練習で残っていたバスケ部をはじめ、二中の人と会うことができました。みんなに
「またね」
と声をかけ、秋保へ出発しました。こんな時だからこそ友だちと一緒にいたかったです。

（公成）

一度は死を覚悟した公成でしたが、必死で樋《とい》につかまり難を逃れます。しかし、公成を探しに家に戻った父親は、帰らぬ人となりました。公成は「自分のせいで父親が亡くなった」という思いに苛まれます。辛く重い十字架を、たった十四歳の子どもが背負うことになったのです。

これは何も公成に限ったことではありません。逃げ延びた子どもたちも、それぞれに十字架を背負っています。ああすればよかった、こうすればよかったという思いは、一

生心から離れることはありません。

私たち教師は何をすればよかったのでしょうか。心に刺さった棘の刺さり口から、今も膿《うみ》が出続けているのです。

別れ

白砂青松《はくしゃせいしょう》の景勝地・奥松島《おくまつしま》。その中心でもある宮戸島《みやとじま》には、日本三大渓の「嵯峨渓《さがけい》」（海蝕崖）が広がります。松島四大観の一つ・大高森《おおたかもり》（別名「壮観」）からは、東に牡鹿《おしか》半島の稜線、西に二百六十余島が浮かぶ松島湾を望みます。

未曾有の大災害は、本当に突然やってきました。卒業式の後、私は祝う会に参加するため、海岸まで直線距離で二百メートルほどの四階建てのホテルにいました。目の前の松林があっという間に倒され、濁流がホテルを襲いました。大波は見えるものすべてを飲み込んでいきました。その光景にうずくまり立ち上がれない親たち、パニックから過呼吸を起こす子どもたち、木の葉のように舞う自動車、船のように漂う家々の屋根、最後までこらえていた電柱。すべて大波のもくずとなっていきました。

松の木がなぎ倒された野蒜海岸

その中で、私は三人の教え子たちを亡くしました。数日後、私はその一人、烈斗《たけと》を荼毘《だび》に付しました。間もなく高校生になる予定でした。

「とてもきれいな顔でしょ……」

お母さんは私たちにそう言って、烈斗の死出《しで》の門出を見送りました。その気丈な振る舞いが、ますます私たちの悲しみを誘いました。

収骨前におじいさんが、孫たちと一緒に山に登り、沢で夢中になってサンショウウオを捕った話をしてくれました。その前の年に、ドル平[1]を教えるのに苦労した子どもの一人でした。

(もう一年あれば泳げるようになるだろう……)

そう思って授業を切り上げた自分が、悔しくて仕方ありませんでした。

「川は好きだったので、泳げると思っていました……」

孫との思い出を語るおじいさんに、私はただただ頭を下げ続けました。

(全員泳ぎ切らせたかった……)

体育教師の私は、教え子の命を守りきれなかったのです。最低限の使命すら果たせなかったのです。

数日後、私は避難所の子どもたちと凸凹の校庭でバスケットをしました。母親を亡くした子ども、弟が行方不明の子ども……心の傷の深さは計り知れませんでした。それでも一心にボールを追いかける姿に、私は一筋の光明を見出そうとしていました。

（辛さを生きる力に変える授業、悲しさを希望に変える授業をしなければならない……）

春先の薄暮の中で、私はそう決心したのでした。

1）「ドル平」とは、民間教育団体の学校体育研究同志会が一九六〇年代に開発した、初心者向けの基礎泳法のことで、従来の「進む」ことを中心とした指導から、「呼吸」を中心とした指導に転換を図った画期的な泳法のこと。

もうひとつの別れ

「お父さん、どうしても転校しないとだめ？」

「んだなあ。仕事、あっち（仙台）だから……」

学校が再開するまでの約一ヶ月半、多くの子どもたちが泣きながら転校していきました。避難先が遠く、通うことのできない子どもは、そうせざるを得なかったのです。

その一人に剣道部の智之《ともゆき》がいました。震災で母親と小学生の弟を亡くし、失意のどん底にいました。父親はタクシーの運転手をしており、震災直後は私たちと同じ避難所で生活していました。

四月に入る頃、智之は父親と一緒に仮の職員室にやってきました。父親の仕事の関係で仙台の中学校に転校するということでした。素直で運動の得意な智之は、いずれ全校のリーダーになるだろうと、私は期待を寄せていました。

「先生、俺、鳴瀬二中の体育館に置いてきた剣道の防具を取りに行きたいんだけど……」

「じゃあ、体育館は危険だから先生が一緒に行ってあげるよ」

津波の被害を受けた体育館に向かう途中、父親は私にこう語ってくれました。

「私の故郷は大船渡《おおふなと》なんですけど、実家もやられました。帰るところがなくなったんです……」

心身ともに行き場のないやるせなさが、言葉の端々から感じられました。

さらに帰り道。智之と父親の会話に、私は胸の奥が抉《えぐ》られました。

「ねえ、仙台で落ち着いたら、こっちに戻ってくる？」

「わがんねえな。仮設住宅でもできればなあ」

「俺、仙台から通えない？」

ＪＲ仙石《せんせき》線が不通のため、直接学校に通う手段はありませんでした。しかし、智之は、電車やバスを乗り継いで何とか通えないか、と父親に詰め寄ったのです。そして、最後にこう言いました。

「俺の小遣い減らしてもいいから……通えない？」

まだ、塩水に浸かっている田んぼを眺めながら、私の目からとめどなく涙が流れました。瓦礫が散らばる荒れ果てた風景が元に戻ることは、まだ想像すらできませんでした。いずれ土地が元通りになったとしても、転校していく智之が馴染んだ土地を離れ、仲の良い友達との大切な時間を失うことに変わりはありませんでした。自分の小遣いを減らしてまで遠距離通学をしたいという息子と、生活の糧を得るためにどうしても地域を離れざるを得ない父。苦渋過ぎるほどの決断を、早急にしなければならない現実。

「大きい学校行ったらどうなるんだろ？」

期待感はひとかけらもありませんでした。ただただ大きな不安の中で、智之はひたすら遠距離通学の可能性を探っていました。それがいじらしくて、切なくて、仕方ありませんでした。生き残った者もまた数々の別れの中にいたのです。

津波が去った後の職員室・保健室付近

悲しみを携えた「生」──「生きている証」探し

震災の翌月、四月二十二日。いよいよ鳴瀬第二中学校から六キロほど内陸にある、鳴瀬第一中学校での間借り生活が始まりました。新入生は当初四十人。子どもたちは津波がきた時、一部は下校し、一部は小学校の体育館に避難していました。そのうち体育館で被災した子どもたちは、渦を巻いた波の、まさに「渦中」にいました。

「私はステージの上にいたんだけど、どんどん波が高くなっていった。でもステージの幕（＝緞帳《どんちょう》）につかまって何とか浮くことができた」

安全なはずの避難所が修羅場と化し、中には親族の死に直面した子どももいます。

そんな子どもたちを前に、私は「生きている証」を探す授業から始めました。子ども同士で互いのからだを観察し、時には触ったり、つついたりしながら、「生きている証」を探しました。

一見、酷な気もしますが、子どもたちは仲間と再会し、授業を再開して初めて互いの「生」を確認したのです。これは、「《生きる》ことが当たり前ではない」という現実を体験した者に、共通する感覚でした。「今いる自分」を確認し、仲間と共に何かができることが、「生きる」ことを実感させてくれたのです。津波に流された子ども、そこから必死に泳いで助かった子ども、親族が目の前で流されていくのを助けられなかった子ども――どの子どもも心に深い傷を負っています。それぞれが幾多の悲しみを携えながら、「生きる」ことを実感しているのです。深い悲しみと喪失感を内に含んだ「生きる」。この「生きる」をみんなで確かめ合い、ここを出発点に一歩を踏み出したい――私はそう直感しました。

そして、次々に生まれる問いは、子どもたちの学びの再生そのものでした。

※（ ）内は制野。

人は痛いことをされると声を出して反応し、くすぐったいことをされると笑ったり、声を出したりして楽しかったです。中には変なことを想像したりして、変なところを触りながら笑っている人がいて、ちょっと不気味でした。でもあの短時間で二十個以上（生きている証が）あがるとは思いませんでした。

（海斗《かいと》）

私は、こちょこちょをしました。後から皆で生きている証拠を言い合った時に、首も脈が通っていて、「ドクンドクンなっている」と誰かが言いました。私は「うそ？」と思って自分の首を触ってみたら、本当に（ドクンドクン）なっていました。あと初めてわかったことは、あっかんべーをする時の、目の下の方が赤いのは血管が通っているからなんだということがわかり、「すごい！」と思いました。「これが血管！」驚きでした。（菜緒《なお》）

すぐにふざけ始める男の子たち。一ヶ月半ぶりの授業です。互いにじゃれ合うのは想定内。「生きる」ことの実感は、案外こんなところにあるのです。

子どもたちは「生きている証拠」を二十個以上も見つけました。ほんの小さな驚きと感動、そして芽生え始める問い………ささやかな取り組みの中で、子どもは生きる力と学ぶ意欲を回復していきました。

人はいろんな体の部分、動きで生きているということが分かると知りました。いつも人は生きているのが当たり前だと思っていたので、全然どこを見れば生きているなんて、興味を持ったことすらありませんでした。でも今日の授業で生きていれば痛みを感じて、呼吸をしていて、脈が動いているなどで「人は今、生きている」と分かることを知りました。（大《まさる》）

「生きているのが当たり前だと思っていた」というのは、私たちも同じでした。生死はいつも隣り合わせであり、中でも「生」は様々な偶然の上に営まれていることを、震災は教えてくれました。

そこで私が感じたのは、「文化の学習の基底に、『命の学習』を据えるべきではないか」ということでした。技術や知識を学ぶ、共に学ぶ楽しさを味わう、共に文化の意味を深く問う――どれも人間を輝かせる大事な学習です。学校の学びは子どもを輝かせます。

しかし、その基底に何よりも「今ある命」の尊さを学ぶことが必要ではないかと思ったのです。しかも、それを道徳的なお題目として、教師が一方的に「教化」するのではなく、子どもたちが自分の生活課題に引き寄せて課題を選び取り、「からだ」を通して学ぶ実践、「生きている」ことを実感する学びが必要ではないかと思ったのです。

もう一つ、震災後に私が感じたのは、子どもたちの「みんなとつながりたい」「一つのものをみんなで創り上げたい」という欲求の強さです。子どもたちは震災直後、ひたすら「鬼ごっこ」に興じました。三人一組で手をつないで逃げ、左右どちらか端の子どもがタッチされたら、反対側の端の子どもが鬼になるという「鬼ごっこ」でした。これを子どもたちは、飽きもせずに延々と続けました。また、マット運動では全学年で「集団マットづくり」に取り組みました。「モルダウ」に合わせグループ毎に絶妙なオリジナル作品を創りました。

この授業を参観したある同僚は、こうつぶやきました。

「子どもたちって本当はこんな授業をやりたいんだよね……」

この震災で私たちは、小手先の工夫や今まで培ったノウハウでは対応しきれない事態に直面しました。「子どもの要求（＝生活の必要）に応える教育とは何か」「誰のための教育か」「何のための教育か」「そもそも教育とは何か」……震災後の教育は、まさにその原点が問われました。

第二章

今こそ、学校に祭りを

「祭り」の再生――最後の運動会

津波で被災した鳴瀬二中の廃校が決まったのは、震災から一年三ヶ月後の二〇一二年六月でした。矢継ぎ早に出される統合案に、子どもたち、教職員、保護者たちは戸惑いを隠せませんでした。ＰＴＡも教育委員会に統合の延期を要望しましたが、それも実りませんでした。

正直なところ、廃校と統合を一気に進めなければならない中での運動会は、とても気が重く、なかなか一歩を踏み出せませんでした。地域に根ざしたこの学校の良さを、前面に押し出せば押し出すほど、悲しく、悔しく、憤りを禁じ得なくなるのです。運動会の成功は、逆に統合への後悔を増幅させると思いました。計画を立てる段階から気が進まず、いい案もなかなか浮かびませんでした。

しかし、動かない体と頭を引きずりながらも、私はようやく運動会の目的にこう織り込みました。

「地域復興への決意と団結を示す祭典にする」

多くの人が、この学校がなくなることや地域から学校がなくなることの悔しさを感じていました。それを暗に表現するための仕掛けをどのように組み込むか——これがこの年の最大のテーマでした。

私が考えたテーマは「祭り」でした。民衆の技と知恵の歴史——それが凝縮されているのは「祭り」ではないか。洋の東西を問わず、「祭り」には長年の民衆の技と知恵が息づいています。「祭り」という非日常空間の中で、日常空間では表現できない本当の自分を表出する——このどうしようもない悔しさを、運動会を「祭り」に昇華する中で表現できるのではないか。単なる演技の披露でも、お祭り騒ぎでもない本物の「祭り」を創れないか。自然との抜き差しならない関係の中で、自然とともに歩んできた先人たちと子どもたちが交信できないか。そこに集った人々が確かに地域を実感し、それを引き継ぐ跡目を感じ取れる運動会にできないか。亡き人を思い、失った故郷を脳裏に刻み込み、この日本からまた一つ学校がなくなることの理不尽さを噛みしめながらも、わずかな希望を確かめ合える運動会にできないか。この硬直化した学校という空間でこそ「祭り」を再現できないか。そこで生まれるものは何か。そんな思いが蠢《うごめ》き始めました。

七月。明るい未来を描くにはあまりにも多くの難問が待ち構えていましたが、鳴瀬二中最後の運動会に向けていよいよ学校が動き始めました。

「生徒は地域のために、地域は未来のために」

各学級から選ばれた実行委員と生徒会執行部、総勢十八名で実行委員会がスタートしました。三年生は使えなくなった校舎で過ごした最後の世代でした。

その中には震災で母親を亡くしたまなきや、弟を失った理沙《りさ》がいました。突然襲った不幸を乗り切るために、言葉では言えないほどのエネルギーを費やしてきました。それでも運動会には、高い士気をもって臨もうとしていました。

しかし、運動会のテーマを決める話し合いはなかなか進みませんでした。「再会」をテーマにした前年よりも、状況が複雑化していたからです。地域とともにあった学校の廃校と、他校との統合は子どもたちの思考を混乱させていました。想いの焦点をどこに合わせるのか、その焦点が定まらないまま議論は停滞し、テーマは二回の話し合いを通して「鳴瀬～Forever memories～」に、一旦決まりかけました。

私は、この抽象的なテーマに違和感を覚えました。焦点の不鮮明なテーマは、運動会の開催意義を危うくしかねないと思ったのです。

私は、三回目の実行委員会で、子どもたちに次のようなメッセージを出しました。

《運動会のテーマに関する担当からの提案》

①テーマが抽象的すぎないか。地域の方が見てイメージしやすい運動会か。

テーマが生徒・教員・保護者はもちろん地域の方々や老人が見てもすぐにわかるもの、理解しやすいテーマになっているかが大事。震災後の「復興」と学校の「統廃合」という厳しい現実の中で、鳴瀬二中がしなければならないことは何か。……五十五年の歴史に幕を下ろすという悲しい現実を直視し、それでも地域のつながりを決して失わないための努力を、中学生なりに追求してほしい。

②何よりも自分たちの思いが詰まったテーマになっているか。運動会のねらいが伝わるテーマになっているか。

前回決めたテーマは、自分たちの思いや運動会のねらいが伝わるものになっているだろうか。もう一度吟味してほしい。「たかがテーマ、されどテーマ」である。

全校・全地域（地区）が、一丸となって運動会を成功させようという思いに駆られるだろうか。鳴瀬二中生の魂の叫び、心の奥にある願いが伝わるものでなければ、ただの「スローガン」で終わってしまう。運動会の開始時点でテーマの元に全校が結集し、終了時にはテーマの元に新たな決意を抱けるものにならなければならない。

津波による地域離散や閉校を目前に控え、私たちが「遺産」として残さなければならないのは、「ここに確かに鳴瀬二中あり」という意識の共有でした。最後にして最大の抵抗を、私たちは運動会という「祭り」を通して表現すべきだと考えたのです。

私は呼びかけました。

「君たちの本当の魂の叫びや、心の奥にあるものを伝えよう」

それに呼応して、子どもたちはさらに頭をひねりました。この学校を巣立ってきた卒業生の想いを、それを支えてきた地域の方々の想いを、そしてそのバトンを最後に引き継ぐ私たちの想いを代弁するテーマとは何か？

そして、子どもたちが紡ぎ出したテーマが、「五三四七人の軌跡～生徒は地域のために、地域は未来のために〜」でした。これまでの卒業生の総数は五三四七人。その軌跡を追う自分たちは地域のために存在し、そして、その地域は未来のために存在するのだと考えたのです。私は、このテーマを導き出した子どもたちに心が震えました。

このテーマに辿り着くまで三日間。かなりの時間を費やしました。これを聞いた当時の高橋裕子校長は、校長室で涙を流しました。

私たちの心に再び火を点したこのテーマは、その後、全校生徒のみならず、保護者や参加者のテーマとなって浸透していきました。五三四七人がつないできたバトンを引き継いだ子どもたちの、最後の運動会が始まろうとしていました

御神輿を担ぎたい！

このテーマのもと、子どもたちは様々な企画を提案してきました。開会式では、前年に続き、火おこしから始まる採火式と聖火リレーを行うこと、ランナーは歴代のOBにお願いすること、閉会式ではみんなの願いを書いた手紙を結んだ風船を飛ばすことなど、多くのアイデアが出されました。

さらに裕也《ゆうや》が、

「地域の御神輿を担いではどう？」

と提案してきました。

（これはいい案だ）

と思いましたが、よくよく考えてみると、

（肝心の御神輿は津波でなくなったのではないか？）

と不安になりました。子どもたちも、どこの地区の御神輿が残っているのか、わかりませんでした。

校長にその話をすると、早速地域の方々に電話を入れて調べてくれました。そして、松島湾側の地域で、津波の被害がほとんどなかった大塚《おおつか》地区と、死者・行方不明者数約百九十名と被害の大きかった東名地区の御神輿が、津波の被害に遭いながらも何とか残っていることがわかりました。

八月上旬。私は現地で御神輿の状態を確認しました。両区長さんとも運動会への借用を快く引き受けてくれました。

しかし、東名地区の御神輿は塩水をかぶり、飾りに青い錆《さび》が浮いていました。

「修理して運動会に出してやるから」

東名地区の区長さんは、こう言ってくれました。私たちの希望に応えようと立ち上がってくれたのです。錆の浮いた御神輿を前に、私は目頭が熱くなりました。

聖火ランナーの候補も、校長を中心に人選してもらいました。その結果、第一回生から第二十四回生まで、計六名の方に協力をいただくことになりました。

第一回生は、旧野蒜中学校と旧宮戸中学校の統合問題で、地域が大混乱した世代でした。昭和三十三年当時の宮戸中の保護者は統合を拒否し、宮戸島内に自治中学校を作って抵抗を続けました。さらにこの問題を契機に住民たちは、旧鳴瀬町からの独立運動を起こすという壮絶な運動を展開しました。宮戸中自体は百人ほど生徒がいたため、統合の必要性を感じずにいたところへ行政側から合理化の圧力がかかったのです。県教委や県議会を巻き込んでの話し合いは、結局、翌年までもつれ込み、宮戸島の保護者たちは様々な条件をつけて、ようやく七月二十七日に登校式を迎えることとなりました。自治中学校の運営費用は、当時の町長が私費を投じて弁済したと、町誌には綴られています。勉学の遅れを取り戻すため、この年は夏休みをすべて授業日に振り替えるという、現在では考えられない措置が取られました。

したがって、第一回生にとって中学校の思い出は苦々しいものなのです。それでも快く聖火リレーを引き受けてくださいました。

綱を編む

御神輿を確認した際に、気になることが一つありました。それは御神輿が十人もいれば十分に担げるということでした。つまり、それ以外の子どもは御神輿を担げないのです。私はもっとたくさんの子どもたちに御神輿を担がせたいと考えました。

そこで思いついたのが、御神輿に「引き綱」を結びつけて練り歩くというもので、その綱を全校生徒と保護者たちで編んではどうかということでした。

実は、この発想の背景には、ダンプ園長こと高田敏幸《たかだとしゆき》先生（石巻・わらしこ保育園）の実践がありました。わらしこ保育園では、運動会で使う綱引き用の綱を、親たちが夜な夜な集まって編むという「習慣」がありました。三本のわら縄を三つ編みにし、さらにそれらを三本合わせて一本の綱にしていくのです。

しかし、この作業は困難の連続でした。誰か一人でも動作が合わなければ、作業は中断しました。酔いも手伝って（と言っても、酔っているのはいつも園長でしたが）、作業は深夜に及びました。運動会当日は、それを子どもと親たちが肩に担ぎ、声をかけながら、会場周辺を練り歩いたのです。

この実践をもとに、私は運動会で子どもや保護者、地域住民が一体となって綱を編むことはできないかと考えたのです。

ただし、今回は担ぎ手の人数が多いために、長い綱を編まなければなりませんでした。実行委員を集めて、何度もリハーサルを行いました。長さ十メートルの綱を三本より合わせたら、仕上がりはどれくらいになり、それを担ぐのは何人くらいが適当かを調べました。

その結果、十メートルの綱は約九メートルに仕上がること、この長さでの担ぎ手は二十人くらいが適当であることがわかりました。ここから当日の仕上がりを二十二～三メートルと想定し、逆算して最初の綱の長さを二十五メートルとしました。これは想像以上に長かったし、案の定、当日はすごい作業量となってしまいました。

さらに、私はこの作業の手順を先生方にも理解してもらうために、運動会前日、最後の打ち合わせの後、全職員に呼びかけて同じ作業を職員室で行いました。綱のもち方、声のかけ方、綱の動かし方などを、全員で確認しました。いよいよ準備が整ったのです。

成功のない運動会

迎えた当日。それまでの厳しい残暑に比べ、比較的涼しい朝でした。午前六時すぎ。テントが立ち始めました。地区ごとに立てられるテントは、失った「地域」そのものであり、ここが唯一の住民たちの集う場でした。

午前八時。ぞくぞくと集まって来る住民たち。早い人はシートの前方に陣取り、子どもたちの出番を待ちます。その間にも、住民たちは、日頃交わせない四方山《よもやま》話に花を咲かせます。学校は「再会の場」を提供したのです。

午前八時十五分。子どもたちは椅子を持って応援席へ。私は、実行委員を本部わきに集めて、円陣を組ませました。そして、こう檄《げき》をとばしました。

「今日は君たちの晴れの舞台だから、多少の失敗は気にするな。とにかく自分たちが主人公だと思ってはりきってやりなさい。」

私は、全員に手をつながせ、「チクサクコール」で気勢をあげました。

しかし、茉弥乃《まやの》の表情だけが硬いままでした。

「先生、昨日とちょっと変えたんですが……いいですか？」

閉会式で復興への決意表明をする茉弥乃は、連日悩み続けていました。本来は楽しく愉快なはずなのに、この運動会にはそれがありません。プログラムが終了することは、そのまま鳴瀬二中の運動会の最後を意味していました。おまけに茉弥乃たち二年生は、津波で流された校舎に一度も足を踏み入れたことがありませんでした。間借り校舎で中学生活をスタートし、そのまま最後の一年を統合中学校で過ごすことになります。幼少時からほぼ変わらぬメンバーで過ごしてきましたが、義務教育最後の年は人間関係をゼロからつくり変えなければなりません。

その困難さと閉校の悔しさが入り交じっていました。なし崩しに進められる統廃合計画に、子どもたちの意見は全く反映されていません。その悔しさをどう表現すればいいのだろう。「前向きにならなければならない」という想いと悔しさが、激しい葛藤を引き起こしていました。茉弥乃は、悩みに悩み、時には涙を流しました。（決意表明なんて、そう簡単にできるはずがない……）それが本音だろう。

「……どうすればいいんですか？」

私は、涙ぐむ茉弥乃にこう答えました。

「構わないよ。自分の考えたことを思い切って言っていいから」

(子どもが悩んで紡ぎ出す言葉を信じよう) そう思ったのです。

午前八時四十五分。「成功のない運動会」の幕は静かに切って下ろされました。

卒業生がつなぐ聖火リレー

「次のランナーは昭和三十四年度卒業、第一回生、中下地区出身の尾形《おがた》さんです。現在の鳴瀬二中のある所にあった、旧木造校舎で卒業式だけ行いました。五十五年も前のことなので、記憶も乏しくなりましたが、一番記憶に残っているのは二中校舎を建設する時、松の根おこし作業をしたことだそうです。運動会ではエジプトダンスを男子全員で踊りました」

この年の採火式も緊張に包まれました。聖火リレーに歴代の卒業生が控えていたからです。そのうちの一人が尾形さんでした。

「いい思い出はねえ（ない）」

握手を交わして聖火を渡す

とは言うものの、いざ二中がなくなるとなると話は別でした。火の神がおこした火を、大事そうに次のランナーにつないでくれました。新校舎の建設に、当時の中学生がかり出されたというのも初めて知りました。互いの地域性を乗り越えようと、苦渋の選択をした世代でした。五十五年越しの中学校の思い出をどう振り返ったのでしょうか。

聖火は次々と卒業生によってつながれました。最大五百名を誇った生徒数も、今や百人余り。地域産業の主体だった漁業も徐々に衰退し、貴重な収入源となっていた観光業も、この震災で壊滅的な被害を受けました。「野蒜石」の塀が続く民宿街は忽然と消え、ユースホステルを利用していた外国人の姿もなくなりました。残されているのは、かつての地域のつながりと、鳴瀬二中伝統の「エジプトダンス」のみでした。そのつながりを確かめるように聖火は次々とつながれ、最後に生徒会長に手渡されました。

鎮魂と希望の火は、この年もこうして灯ったのでした。

特別企画〝絆〟

午前最後のプログラムは、三本の綱を一本に編み上げる特別企画〝絆〟でした。この綱は、午後一番に行われる御神輿の入場で使われます。

「一……右、二……左……」

子ども、保護者、OB、地域の人々、みんなで声をかけながら編んでいきます。予想通り、はじめは要領を得ず、作業は混乱しました。一人でもリズムが狂うと、その度に「儀式」は中断しました。

(これでいいのだ)

時間がかかることは覚悟の上。むしろ時間がかかった方がいいと考えていました。「祭り」を創り出すには、相応の時間が必要なのです。火おこしと同様、時間がかかった方が刻まれるものも大きいのです。この面倒で、やっかいな「儀式」の中にこそ、祈りと鎮魂、そしてかすかな希望があるのです。綱を手に取り、声を合わせて初めて摑み得るものがあると確信していました。

やがて、少しずつ声と手の動きが一つになっていきました。

(いい感じ!)

一体感が心地よく、声もしだいに速く大きくなっていきます。綱が1メートル、2メートルと伸び、要の位置を握る私の手にも一層力が入ります。大勢の編み手の思いが伝わってきます。やがて手はしびれ、腰にも大きな負担がかかってきました。それでも編み手の声はやみません。

残り5メートル。

「あともう少し。がんばれ！」

誰からともなく檄が飛びます。ふと見ると傍らに、あの「いい思い出はねぇ」と言っていた尾形さんが立っていました。後輩たちがどんな表情で作業を進めるかを、じっと見ています。

私と一瞬、目が合いました。何とも言えない目でした。松の根っこを掘り起こし、新校舎建設の一翼を担った一回生たち。様々な課題を抱える後輩たちが編む綱を、どんな思いで見守ったのでしょうか。

四十五分後。ようやく三本の綱が、一本に編み上げられました。歓声が上がります。夏の日差しは、いよいよ強く私たちを照らしました。

みんなで綱を編んだ「絆」

御神輿の登場

〝絆〟で編んだ綱は、昼休みの間に二台の御神輿につながれました。特に、津波に浸かった東名地区の御神輿は、地区の方々がお披露目に向けて手入れをしてくれました。

「先生、誰か塩を撒きながら歩いてくれる生徒いねべが？　御神輿が通る前に塩を撒いて清めんだげっとも。あと、御神輿を先導する〝天狗〟も用意したがら。もう着替えでっから」

私は驚きました。体育館を覗くと、そこには身長2メートルを超す〝大天狗〟が立っていたのです。〝大天狗〟の正体は保護者のSさんでした。もともと身長が百九十センチ近くある人で、その上に天狗用の一本下駄を履いたので、最終的には2メートルを超える高さでした。東名地区の方々が〝正式〟な形でのお披露目を希望したのです。私は、武者震いがしました。

そこに、集まってきた担ぎ手の子どもたちが、御神輿の前に直立したまま手を合わせ、震災を乗り越え鎮座する神様に運動会の成功と地域の復興を祈願しました。

復活した地域の御神輿

午後一時二十分。いよいよ午後の部がスタート。塩を撒《ま》く子どもを先頭に、大天狗、綱をかつぐ子どもたち、そして御神輿が続きます。

「わっしょい、わっしょい！」

声は天高くこだまし、会場から大きな拍手が沸きました。一歩一歩を踏みしめながら校庭を一周します。かつて地域を練り歩いたように。

鳴瀬二中最後の卒業生となる子をもつ親にとって、今年の運動会は特別な思いがありました。夏休み中に運動会の打ち合わせに行く娘を見送りながら、「どんな運動会になるのかな」と楽しみでもあり、「最後なんだ」という寂しさも感じました。昨年同様、聖火をつないでの開会式。放送委員による「震災後、校長先生の涙を何度も私たちは見てきました」の言葉に涙。特別企画「絆」には私も参加させていただきました。一年生から三年生まで一致団結の紅白対抗による応援合戦。新東名に住む私にとっては、天狗・おみこしは懐かしいもので、お祭りを思い出しました。卒業生も参加のエジプトダンス・民謡踊りは見事でした。……地区が消滅しつつある今、地区対抗のむかで競走、綱引きなど父兄がすぐに集まれるところに「絆」を見たような気がします。鳴瀬二中としての運動会は幕を閉じますが、卒業生、在校生、PTA、地域の方々にとっては思い出に残る運動会になったことと思います。

（保護者のHさん）

伝統の「エジプトダンス」

この学校の運動会に欠かせないのが、八十年以上の伝統を誇る「エジプトダンス」です。地域の象徴として受け継がれてきました。由緒も発祥も謎の多いこの風変わりな踊りを見て、多くのお年寄り、保護者、OBが感激するのです。決して洗練された踊りでもなければ、難しい踊りでもありません。発煙筒の煙が校庭を覆う中、子どもたちは両手を前方に伸ばしたまま、地面に四つん這いになって「その時」を待ちます。何度聞いても奇妙な音楽が流れ始めると、子どもたちは元気よく立ち上がります。

「一、二、三、ハイッ」

肩の高さで直角に曲げられた腕、足で地面に半円を描く動作……上半身は裸、腰には地域の老人会寄贈の藁《わら》で作られた腰蓑《こしみの》、頭にはバンダナとキジの羽根。今時、こんな踊

伝統のエジプトダンス

りがこの日本に踊り継がれているとは、全く不思議です。

この踊りが始まると、周囲は静寂に包まれます。観衆は食い入るように見つめ、歴代のOBたちが今年の「出来」を見守ります。

(そうだ。これは地域の「通過儀礼」なのだ!)

これを踊ることで、子どもたちは地域の一員として認められるのです。言わば、子どもたちは、地域の人々を審査員とした「歴史の審査」の中にいるのです。これを踊り継ぐ者だけが、地域の一員として、また「一人前」の人間として認められるのです。

踊り終わった傍らで、地域の方々や保護者が「今年はよかった」「気合いが入っていた」などと評するのです。やはり真剣な「通過儀礼」であり、地域のアイデンティティを確かめる場になっているのです。そう考えると、この不思議な踊りが地域と切っても切れない関係にあるのも頷けます。「外部の人間がとやかく言えるものではないのだ」とつくづく感じるのです。

渾身の決意

この運動会で最も悩みが深かったのは、最後に「復興への決意」を述べることになっていた茉弥乃でした。実行委員の一人で、この役割を自ら買って出ました。

しかし、いざ原稿を書き始めると深い闇に足を踏み入れてしまいました。どうしても母校を失う悔しさが込み上げてきたのです。やるせない悔しさをどう表現するか。単純に希望だけを語れない苦しさが、茉弥乃を悩ませました。悔しさをぶつける相手も見えず、それを表現する言葉も見つかりません。学校の統廃合に対して「なぜ？」という思いが湧き上がり、「出てくるのは涙だけ」という状態が続きました。

「思ったことを書いていいよ」

私は茉弥乃にそう伝えました。もし中学生が悩んで紡ぎ上げた言葉を非難する者があれば、私は毅然と立ち向かう覚悟でいました。

悩んだ末に茉弥乃が紡ぎ出した言葉は、次のようなものでした。

茉弥乃の「悲しい決意表明」

復興への決意

鳴瀬二中最後の運動会も、いよいよ終わりが近づいてきました。今年の運動会テーマ「五三四七人の軌跡」の通り、昭和三十四年の開校以来五十四年間、鳴瀬二中はこんなにたくさんの生徒の学び舎として、エジプトダンスや民謡踊りなどの伝統を築き上げてきました。

しかし、残り七ヶ月で五十五年の歴史に幕を閉じなければなりません。私たち一・二年生は鳴瀬二中生として、あの松林に囲まれた校舎に一度も足を踏み入れることなく、閉校してしまうことにショックを受けました。先輩方が慣れ親しんだ校歌や、鳴瀬二中の象徴である松葉と波を表した校章が、私たちで途切れてしまうことに寂しさと悔しさがこみ上げてきます。

私は、生まれ育ったあの野蒜の町や宮戸の風景が大好きです。いつの日かまた、あの思い出の風景を取り戻し、さらに美しい町がつくれるよう精一杯がんばろうと思います。私は、まずあの松林を元に戻すために松の苗を植える運動を、新しい中学校でも呼びかけていきたいです。これが私の復興への決意です。

茉弥乃は、毅然とした態度でこれを読み上げました。私たちは、まだあの被災した校舎に、一度も足を踏み入れていない。間借りの校舎に入学し、間借りの校舎で卒業していく。入学時の学校名が卒業時には別の学校名になる。五月に予定されていた修学旅行も三月に前倒しされた。新入生は上級生とは違うブレザー姿で入学してくる。狭い校舎・校地での不便な生活は確実に卒業まで続く。統合を機に、これまで受け継いできた伝統に変化が起こるかもしれない——茉弥乃の言葉は大人たちに痛烈なカウンターを打ち込んだに違いありません。統合する相手校との折り合いを、どこでつけるかも全く不透明でした。すべてを失った子どもたちから、さらに学校まで奪うこの日本という国は何なのか。そんな不安の中で希望を述べるのは、本当に辛い作業だったに違いありません。「祈り」や「鎮魂」を教育としてどう語るか——「科学」と「文化」を内容とする学校で、これらを教育の俎上に載せるのはナンセンスかもしれません。

しかし、私は地域づくりの拠点として学校を再構築するには、子どもの生活をつぶさに見つめ、「今ここ」にある「祈り」や「鎮魂」への思い、その「本音」に切り込む実践が必要だと感じています。それはいずれ地域づくりにつながる「窓」だからです。

そして、そのほとんどがより手間のかかる実践であることは言うまでもありません。教育とは、「合理化」とは最もほど遠い仕事だと私は思うのです。

風船

「これが最後の企画です。鳴瀬二中という名前はなくなってしまいますが、今日ここに結んだ私たちの絆は永遠に切れることはありません。いつかまたあの美しい故郷に帰る日を信じて、共に支え合ってこの困難を乗り切りましょう。それでは私たちの希望を乗せて飛ばします。カウントします。5、4、3、2、1、0！」

最後の運動会もいよいよクライマックス。この年は実行委員の企画で、参加者と共に風船を飛ばすことになっていました。一斉に空に舞い上がった風船は、折からの東風に乗って、一斉に鳴瀬川の上流に向かって飛んでいきました。静寂に包まれる校庭。涙を流す校長やＰＴＡの方々、そして地域の人々。号泣する子どももいます。天高く飛んでいく風船が遥か遠くになっても、まだ会場は静かに見守っていました。何を思って見つめていたのか。熱く燃えた後の静かな余韻を、いつまでもいつまでも感じていました。

色んな意味の涙

風船を飛ばした瞬間、我慢していた涙があふれてきました。最後ということをとても実感しました。後輩と離れたくないという気持ちと、閉校してほしくない気持ちが込み上げてきました。風船には一人一人の想いが乗っていて、私は込み上げてきた二つの気持ちを乗せて飛ばしました。乗せた想いは違うけど、閉校したくないという想いはみんな同じだと思います。私と一緒に泣いていた子と「閉校したくない」「なんで閉校しなきゃいけないの」などと二人で号泣しながら言っていました。

最初に閉校するかもしれないと聞いた時には、あまり深く考えませんでした。でも改めて考えると、本当に、本当に、嫌で、嫌で、悔しくて、悲しくて、苦しくて、辛くて、自然に涙が流れてきて止まらなくなりました。

（理沙）

理沙は、幼い弟を津波で亡くしました。悔しさの理由は、決して閉校だけではありませんでした。言葉では言えない思いを風船に込めていたのでしょう。

心の叫び

運動会は、一応、盛会裡《せいかいり》に終わりました。しかし、私にはどうしても気になる子どもがいました。震災で母親を亡くしたままなきです。

「もう甘えていられない」

そう思ったままなきは、それまで「ママ」と呼んでいた母親のことを、震災後は「お母さん」と呼ぶようになりました。伝えたいこと、叫びたいことはたくさんあったでしょう。それでも周囲に気を遣い、励まされる側ではなく、励ます側にまわってきました。「本音」を隠しながら希望を見出そうとする姿が、私たちには痛々しく感じられました。

想いを乗せた風船

閉会式も終わろうとしている中、風船を空へ飛ばす最後の企画が始まりました。

……私が想っていたことは、自分が持っている風船を飛ばしたくないということです。この風船を飛ばしたら終わってしまう気がしました。ですので、みんなが飛ばした後に遅れて風船を飛ばしました。大空高くに飛んでいった風船たちは、きれい、美しいというありきたりな言葉じゃ言い表せないものでした。風船を飛ばすだけだときれいなんでしょうけど、そう思えなかったのは風船一つ一つにみんなの様々な想いが込められていたからだと思います。私はその風船に鳴二の統廃合への悔しさや復興への願い、未来中学校※になっても鳴二の魂を後輩たちに引き継いでほしいという想いを込めました。

（まなき）

（※）未来中学校……統合後の「鳴瀬未来中学校」のこと。

私は、この作文の「自分が持っている風船を飛ばしたくない」「みんなが飛ばした後に遅れて風船を飛ばしました」という表現が気になりました。

「この風船を飛ばしたら終わってしまうものは何だろう……」

「願いを込めたのなら、遅れて放す必要はないのではないか……」

そんな疑問が残りました。

まなきの本当の気持ちはどうなんだろう。十月初め、私は迷った末に、まなきを呼び止めて、こう問いかけました。

「まなき、もう一度運動会の作文書いてくれない？　今までのいろんな思いをもう一度振り返って。辛いこともたくさんあったと思うけど……書ける？」

まなきはちょっと考えて、

「大丈夫です」

と言いました。

そして、二学期も終わろうとしていた十二月下旬、まなきが私を呼び止め、

「先生、作文できました」

と言って紙を差し出しました。そこにはこれまで抱え込んできた思いが綴られていました。

あの震災から一年以上が過ぎました。今思えば震災について本気で考えたことがありません。いつもどこかに綺麗事をまじえて考えていたような気がします。

私たち三年生にとっても中学校としても最後の運動会の日、最後の企画で風船

を大空に飛ばしたとき、涙が溢れてきました。風船には未来の願い、辛さや悔しさ、様々な思いを込めました。風船を飛ばすことで願いが叶えばいい、辛さや悔しさが無くなればいい、そう考えていました。けれど、なかなか風船を放し空へ飛ばすことができませんでした。理由はわからなかったけれど、今考えるとわかるような気がします。

私は大好きな母を忘れそうになっています。忘れたくない、そう思っているのに少しずつ消えてしまいます。震災が起きる朝に交わした言葉も、声も顔も動作も。思い出せないことが多くなっています。それがとても怖いです。母が私の中から消えそうで怖いです。そして忘れていってしまう自分が嫌でしょうがありません。

風船をなかなか飛ばせなかったのも「忘れてしまう」と思ったからだと思います。

大好きな人が死んでしまう――私にとってそれは非現実的なものです。正直、母は死んでいないと思っています。いつかひょっこり現れて、何事もなかったかのようにいつも通りの生活に戻る。私の名前を呼んで、他愛もない会話をしたり、私の成長を見て笑ったり泣いたりしてくれる。こんなこと考えてもどうしようもないと思いますが、私はそういった普通の幸せに夢を見て、いつか叶うと信じているのです。そう思わなければ、いつか自分が不安や悲しみで押し潰されそうになる気がします。

この間、三年生にとって大切な進路説明会がありました。私は進路説明会があるというお知らせを父や祖母に渡せませんでした。父は仕事だと知っていましたし、祖母は学校に来るのが大変でしょう。一番後ろの席に座り、私だけでも大丈夫と思っていました。

けれど、みんな親がきて隣に座る。それを見た瞬間、少しだけ泣いてしまいました。それだけで泣いてしまう自分が情けなくて、母がいないことを改めて実感させられたような気がしてとても悲しかったです。

母に会いたい気持ちが溢れてきます。自分の嫌なところやダメなところがどんどん見えてきます。人に頼りたいけど、そうすると相手が困ってしまうから相談できない。そう自分に言い聞かせていますが、本当はただ自分が相談したくないと思っていて。母を想う気持ちは私だけのものであり、それをほかの人に言いたくないのです。こんな矛盾に嫌気がさします。

そして辛いことや悲しいことがあっても大半は誰にも相談しないで自分の中に詰め込みます。小さい頃から相談するのが下手でした。だから、自分のなかに留めることに慣れてしまい、それが私にとって普通なのです。

よく友人に「無理するな」だとか「背負い込み過ぎなんだよ」と言われます。そんな優しさに泣きそうになります。この頃、少しずつですが人に頼れるようになったような気がします。今ならあまり相談することのできなかった母にも頼れる気がします。

けど、もう近くにいないから母親がいる家庭が少しだけですが羨ましいです。甘えることのできる母親がいて、相談できる母親がいて、心配されて、愛されて、成長を見届けてくれる母親がいる家庭。

去年の運動会も、今年の運動会でも、精一杯頑張りました。けれど、いつも最後にはぼんやりした何かが残ります。一生懸命練習してきたことが一日で終わってしまう寂しさかと思っていました。たぶん、そういう寂しさもあります。でも、もしかしたら母親がいないからどこか心にぽっかりと穴があるのかもしれない。母

一斉に舞い上がる風船

と一緒に喜びたい、褒められたい、そんな願いがあったのかもしれません。

私にとって、母は尊敬する人であり、大好きな人です。そんな母がもういないからといって、前に進むためには忘れることはできません。母のことを時間が経つにつれ、忘れてしまうのだったら時間なんて経ってほしくないです。

そんなことを言ったら母に怒られるんでしょうけど、これが私の本音です。けれど以前母に、「生きている人を大切にしなさい」と言われました。母が大好きで、死んでしまったことをまだ理解できなくて、不安で怖くて。そんな思いでいっぱいでしたが、私には母だけではないのです。心配してくれる人や笑い合ってくれる友人、慕ってくれる後輩。全ての人が大切で、私を支えてくれています。

母は死んでしまったけれど、まだ生きている、いつか会えると信じます。信じていても生き返ることはないし、母を忘れてしまう恐怖感はまだあります。けれど、その気持ちが私にとって前に進むための理由になります。

これから大切な仲間とともにたくさんのことを体験し、自然と涙が溢れる、心に残る思い出にしていきたいです。そして、母に会ったら自慢して、一緒に笑い合いたいです。

職員室の私のパソコンの上に、ぽたぽたと涙が落ちました。他の職員に気づかれないように、声を押し殺して私は泣きました。自分の中にある「非当事者性」に愕然としながら。

それまでまなきは、壮絶な記憶とのたたかいを強いられていたのです。薄らいでいく母親の記憶を、何とか押し止めようと必死だったのです。忘れゆく恐怖と日々対峙し、必死で時が過ぎゆくのを食い止めようとしていたのです。「時が癒す」というのは、あくまで傍観者側の言葉なのだということに、私は気づかされました。薄れゆく記憶とのたたかいは想像を絶していたのです。私はそこに気づけなかったのです。

だからこそ私たちは子どもに綴らせることを止めてはいけないのです。これは単なる方法論の問題ではありません。教育の本質そのものなのです。大事な進路説明会の連絡を父親にも祖母にも渡せずに、たった一人で後ろに座っている子どもの心に寄り添うとはどういうことなのだろうか。友だちが親と一緒にいる姿を見て「少しだけ」泣いてしまった子どもの心をどう励ましていけばいいのだろうか。「母は死んでしまったけれど、まだ生きている」という矛盾の中で、必死に希望を見つけ出そうとする子どもに対して、自分は何をしてきたのだろう――そんな思いに苛《さいな》まれながら、私は返事を書きました。とめどなく流れる涙とともに。

涙の返信

苦しい心の内を綴ってくれたまなき。私たちはまなきの「悲しみを携えた生」と、どう向き合えばいいのでしょうか。私は涙を流しながら返事を綴りました。

まなきへ

作文ありがとうございました。書くことはさぞ辛かったろうと思いますが、よく書いてくれました。先生は涙が止まりませんでした。職員室で誰にも悟られないように泣きながらパソコンにまなきの作文を打ち込みました。

実はこれまでまなきの前向きな作文を目にするたびに、先生は苦しくて教師として何もできないもどかしさに苛まれていました。「本当はもっと言いたいことがあるのではないか」と思っていました。頑張っている姿を見れば見るほど実は悲しい気持ちになっていました。自分の気持ちを周囲に察せられないように、仲間に心配をかけないように、友達に気を遣わせないようにと踏ん張っている気持ちが先生にはよくわかりました。笑顔で語っていても、瞳の奥に寂しさや辛さを抱えている感じがしていました。当然だよね。まだ中学生だもんね。

だから先生はせめてまなきの本当の気持ちを聞いてやりたいと思いました。他にも同じように母親を亡くした子どもがいますが、ストレートに悲しみを表現できる子どもや体の症状になって表れる子どもはいずれ立ち直れると思っています。ただまなきのように辛さや悲しさを押し込んで頑張る子どもはどこかで潰れないだろうかと心配になるのです。頑張り屋さんほど疲れることがあるのです。だからまなきには誰にでもいいから本音を吐露してほしかったのです。先生にできるのはそれだけだと思ったのです。

それから先生はまなきのお母さんは形を変えて生きていると思います。それはね、まなきの優しさや人を思いやる気持ちの中に生きているんだよ。お母さんがまなきの中にちゃんと生きているから、まなきは優しく強くなれているんだよ。これってちゃんとお母さんがまなきの中に生きている証拠じゃん！　姿形は見えないけど、お母さんはちゃんとまなきの中にいるんだよ！　だってまなきはお母さんにいろいろなとこそっくりじゃん！　だからお母さん、そのものなんだよ！　だから忘れたりはしないんだよ。頭の中に残る記憶なんて誰だって薄れていく。それよりもまなきの優しさ、思いやり、仲間への気遣い……そういう形でちゃんとお母さんは生きているんだよ。これはすごいことだと思わないか。お母さんはちゃんとまなきと一体になっているんだよ。だから困った時は内なるお母さんに相談してごらん。必ず出口や解決策が見えてくるから。

もう少しで震災から二年目を迎えますね。記憶とは別に、まなきも先生も時が止まったままかもしれません。でもそれは悪い意味ではありません。辛いかもしれないけど止まった時とともに、それを携《たずさ》えて生きていかなければならないと思います。将来できるであろう新しい家族や仲間たちに、この震災のできごとをきちんと語り継いでいかなければならないと思っています。

（二〇一二・十二・十九）

まなきは、これまで誰にも打ち明けられなかった母親への想いを綴ってくれました。「母に会いたい気持ちが溢れてきます」と心の内を吐露し、「母を想う気持ちは私だけのもの」だと綴ってくれました。運動会の最後に風船をなかなか離せなかったのは、母親を「忘れてしまう」と思ったからだと打ち明けてくれました。母親を亡くし、家や地域を失くしたまなきにとって、唯一、心の拠り所となっていたのは母親の記憶だけでした。その記憶が、少しずつ薄れていく恐怖とたたかっていることを率直に語ってくれました。まなきはそれを誰にも言えず、ただ一人じっと耐えてきたのです。学校ではそれをおくびにも出さずに、周囲に気を遣っていたのです。

健気ではありませんか！　この健気な子どもの思いを、私たちは十分に汲み取ってきたのでしょうか。この思いに、どれだけ寄り添おうとしてきたのでしょうか。

「綴る」ことは「生きる」ことそのものなのです。子どもにとっても、教師にとっても「綴る」ことは「生きる」ことなのです。子どもの「綴る」作文がいかに悲しくとも、今、目の前にいる子どもの「生きる」に真摯に向き合い、そこを出発点にしなければならないのです。目の前にいる子どもの事実から、私たちは思考しなければならないのです。

そして、子どものこの「生きる」に寄り添うために、教師も「綴る」のです。「綴る」

ことで教師も「生きる」のです。自分の中にある、どうしようもない「非当事者性」を携えながら、それでも「綴り続ける」のです。

希望の「節《ふし》」

まなきをはじめ、多くの子どもたちは「悲しき生」を生きていかなければなりません。私たちは、その「悲しみを携えた生」をいつの日か希望に変える「節」を、授業や行事を通して創っていかなければなりません。子どもの手による火おこしで始まった聖火リレー、子ども・保護者・地域の人々と共に編んだ綱、それを結んで練り歩いた御神輿（しかも津波に浸かったもの！）、最後にみんなで静かに見送った風船は、その「節」を刻むものだったのです。火は文化や生活の源であり、綱は人間の知恵と団結の結晶です。御神輿は故郷の象徴であり、風船は天への使いです。その一つ一つが「節」となって、希望への微かな光を灯しました。その「節」をどう刻ませるか、一過性の楽しみよりもじわりと心に沁みてくる「節」はどう創るべきか、「悲しみを携えた生」を希望に変換するための中身はどうあるべきか――そういう意味で、被災地での試行すべてが実験的なのです。

私は「このどうしようもない悔しさを、運動会を『祭り』に昇華する中で表現できるのではないか」「亡き人を思い、失った故郷を脳裏に刻印」する運動会にしたいと述べました。

私は、運動会や文化祭、そして授業を絶望から希望へ変換する、教育的な「節」として位置づけ直す必要があると思っています。「文化」と「科学」と「生活」の学びを通して、子どもの「生きづらさ」を希望に変える授業が求められるのです。

これは、被災地であるかどうかに関わらないと私は思います。日本には、震災以前からずっと傷ついている子どもたちがたくさんいます。そして、そういう子どもたちが癒されるような状況でないことは、種々の事件や子どもの生きづらさを見ても明らかです。

今、目の前にいる子どもが希望を捨てずに、自分や他人を見捨てずに生きていくような授業や行事を創っていかなければならないと思うのです。

第三章

鎮魂の「みかぐら」

「みかぐら」を踊りたい

震災の翌年九月。震災から一年半が経とうとしていた頃、私たちは一つの困難に直面していました。奇しくも一年前に大阪・宝圓寺《ほうえんじ》の住職、白川義夫《しらかわよしお》氏が講演で、

「今はけなげな子どもたちも〈いつか〉荒れる日が来る……」

と予言していた通り、私の学年にも静かな荒れが野火のように広がっていました。

震災後の生活の疲れからか、遅刻、無気力、登校しぶりを見せる子どもたちが出始めました。手狭な仮設住宅や借り上げアパートでの生活、慣れない土地からのバスによる遠距離通学、他校での間借り生活、気を遣いながらの部活動……気の休まるところがないというのが正直なところでした。生き残った命を燃やすには、あまりにも過酷な条件が重なっていました。次々に噴出する問題に追われて私たちも疲れ始めていました。

そこで私は学年会でこう提案しました。

「文化祭に向けて、何かみんなで苦労しながら取り組めるもの、そう簡単にはできないものをやりながら、学年や学級をつくってみませんか？」

頭の中には「みかぐら」がありました。「みかぐら」とは、岩手県南部と宮城県北部にまたがる地方で農民たちが踊り継いできた「南部神楽《かぐら》」を教材化したものです。中でも岩手県の衣川《きぬがわ》小学校の旧大森《おおもり》分校で踊り継がれている「大森御神楽」が、私の頭の中にはありました。

小学校教員として旧大森分校に赴任した直木賞作家の三好京三《みよしきょうぞう》先生（『子育てごっこ』の作者）が、当時村の教育長だった小坂盛雄《こさかもりお》先生とともに、「分校の子どもたちに自信をつけさせたい」と始めたのがこの「大森御神楽」でした。それを教材化したものが「みかぐら」でした。

「みかぐら」はこれまで私が「敬遠」してきた教材の一つでした。私自身が踊れる自信も、太鼓を叩く自信もありませんでした。何よりも私の性格からして、（本気で取り組み始めたら〝泥沼〟にはまるだろう）と思っていました。とことんやるためにはそれなりの覚悟が必要だと思っていました。

しかし、一方では「いつか取り組む日が来るのではないか」という予感もありました。避けては通れない教材のように感じていたのです。

「みかぐら」との出会い

私の三人の子どもたちは石巻のわらしこ保育園の高田敏幸先生（通称「ダンプ園長」）のもとで育ちました。春はザリガニ釣り、夏はプール、秋は山の恵み、冬は雪と戯れます。今は風前の灯火となった石巻の海沿いの街を、毎日裸で何キロも闊歩します。運動会の時期になると小さな「荒馬《あらま》」を身にまとって年少組が街中を散歩します。「荒馬」とは青森県今別《いまべつ》地方に伝わる踊りで、馬を型どった道具を身につけて歩くのです。

ダンプ園長は、かつてそんな子どもたちをリヤカーに乗せて、町中を歩き回っていました。私の子どもたちも「ヘビ山」と言われる里山で〝基地ごっこ〟や〝チャンバラ〟に明け暮れ、「テング沢」では天狗の足跡に興奮していました。町全部が園庭なのです。

そんな子育ての原風景の中に「みかぐら」がありました。

「生きるために踊るのだ」

園長は常々そう語っていました。

毎春、卒園児は卒園の証として「みかぐら」を踊りました。舞い納めをして巣立っていくのです。右手には錫杖《しゃくじょう》、左手には扇をもって踊る姿が実にかっこよかったのです。運動会や「わらしこ・風の祭り」、卒園式等で披露されたのですが、これが本当に神々しかったのです。どの親も卒園児の演技を見ては感動し、「早く卒園児にならないかなあ」という憧れをもつのです。

ダンプ園長手作りの扇と錫杖で自由に空間を創り出します。小さなからだいっぱいに地を踏み、腰を据え、軽やかに舞います。会場には「天ニハ憧レ、地ニハ絆ヲ」と刺繍《ししゅう》されたのぼり旗。それを背にしながら、凛として揺るがない芯を備えた子どもたちが舞うのです。卒園児の親たちは入場の厳かなたたずまいを見ただけで、わが子の健やかな成長を感じ取り、涙を流すのです。

そして、いつのまにか私の中に「いつかはやらなければならない教材」としての種が蒔かれていたのです。

その種に刺激を与えたのは間違いなくあの大震災であり、その真っ直中でけなげに頑張る子どもたちの姿でした。「子どもの生活の必要」が私の中に眠っていたあるエネルギーに火を付けたのです。これまで「敬遠」してきた教材に取り組む勇気を与えてくれたのはまさしく震災の中の子どもたちでした。

しかし、保護者や地域の方々に、この「みかぐら」を見てもらい元気になってもらおうというのは軽すぎると思っていました。簡単に「笑顔」とか「元気」という言葉を使いたくなかったのです。スポーツや文化には確かに人を元気にし、エネルギーを再生させます。つかの間の楽しみを与え、つらい労働や生活から解放してくれる側面は否定しません。

しかし、それだけでは子どもは救われないと感じました。いくら踊りの中で「笑顔」になったとしても、現実には生きづらい生活が待っている子どもがたくさんいるのです。一瞬の解放だけでは子どもの「生きる」を励ますことはできないと思いました。

「この踊りを引き継ぐ者の意志と復興の跡目を感じ取れるような、そんな〝重み〟がほしい……」

人が「技」を身につけることがどれほど美しく、神々しく見えるものなのか。その人間の中にこそ復興の芽を見出し、教師と子どもがともに同じ地平を拓く――そんな実践をしてみたいと思ったのです。

「地」との対話

「みかぐら」の中で核となる表現やテーマは何だろう。たくさんある動きの中で中心になるのは「〝地〟との対話」ではないか——これはわらしこでの経験から学んだものです。

ダンプ園長こと高田敏幸先生は、子どもたちとともに徹底的に「〝地〟との対話」を追究しました。踏み込んだ足裏を伝って得られる大地のエネルギーを、舞いのエネルギー、浮き上がるエネルギーに変換するのです。舞い上がるために沈み込み、浮き上がるために踏み込むのです。足裏から伝わる大地のエネルギーが、人間の体の中を貫くのです。この動きの中にこそ「みかぐら」の核があるのではないかと私は考えました。

しかもそれは一瞬の「間」（＝「ため」）を介して変換されるのです。単純にリズムを刻むのではなく、一瞬動きに「ため」をつくることでエネルギーを「ため」るのです。一瞬出口を失った大地のエネルギーは、次の瞬間、体を取り巻く空気全体を巻き込みながら、子どもたちのはるか上方に解放されます。解き放たれたエネルギーは、扇や錫杖などの「採《と》り物」の動きと相まって、空間表現となって変換されていきます。

この一瞬の「間」＝「ため」と上方への舞い上がり、振りと振りの間に生まれるこの一瞬の「間」こそ、「みかぐら」の味であり、命なのだと考えました。この快感をぜひ子どもたちに伝えたいと思ったのです。

さらに、この心地よさを全員が感じ取ることで「共振」が生まれるのではないかと思ったのです。それぞれが心地よい世界を存分に感じ取ることで、子どもたちの中に「共振」が生まれるのではないか、そう考えたのです。「私もあなたも同じ世界の住人」という感覚を共有し合うことで、互いの体が「共鳴」し合い、「共振」し合うのではないかと直感したのです。

常に競争の世界に身を置く子どもたちにとって、隣人を「同じ世界の住人」として認知することは容易ではありません。震災からの復興の速度もまちまちです。いち早く仮設住宅から引っ越しをする子どもとまだ行き先の定まらない子どもが混在しています。百人いれば百通りの復興があるのです。今まで見えなかった格差が露呈する場面も多々ありました。

常に人と比べることに慣らされた子どもたちが、一瞬で消えていく表現の世界で「共鳴」「共振」するには、子どもたちにとってそれなりの意味のある内容、学ぶべき内容のあるものが必要なのです。

「みかぐら」にはこの意味のある内容が含まれていると思いました。「同じ世界の住人」感覚を共有するための動きが豊かに内包されていると感じたのです。理屈抜きに「共振」できる世界、心がブルブルと震える世界に飛び込んでもらいたいと思ったのです。

「先生、『みかぐら』を選んでくれてありがとう」

この授業を進める上で、どうしても協力を仰がなければならない方がいました。

その一人が久保《くぼ》健《たけし》先生（現日本体育大学、前宮城教育大学）でした。久保先生は私の大学時代の恩師で、長年「みかぐら」の指導と研究をされていました。「みかぐら」への造詣《ぞうけい》と愛着は並々ならぬもので、何度も現地に足を運ばれていました。私は以前から「この愛着はどこから来るのだろう？」と不思議に思っていたくらいです。

もう一人が元中学教師の清水頭《しみずがしら》より子先生（学校体育研究同志会埼玉支部）です。同じ中学教師として長年、女子中学生に「みかぐら」を指導されていました。その中で「生きづらさ」を抱えた女子たちの変化を見取り、さらにその後の生き方に徹底して寄り添う先生でした。私は深い感銘を受けてその実践記録を読んでいました。

この授業を始める前に、私が真っ先に相談したのが、この二人でした。「なぜ、『みかぐら』なのか」「子どもにとって『みかぐら』を踊る意味は何なのか」そんな難題に一緒に挑んでくれたのがこの二人の先生方でした。

そして、何度となく積み重ねた話し合いの中で「採り物」の一つ、鈴のついた錫杖を振る意味として、「大事な人を呼んで、その人を胸に抱いて一緒に踊る」という解釈に辿り着きます。本来は神様を呼ぶ道具である錫杖。しかし、農民の間で踊り継がれたのには、そこに農民の願いや生活への思いが込められていたはずです。それを教材として解釈する時に必要だったのは、「今、子どもたちにとって必要なものは何か」ということでした。大切な人を亡くし、故郷を失った子どもたちにとって必要なものは何だろう――その結果、私たちが辿り着いたのは「大事な人と踊ろう」ということでした。鈴は人を呼び、その人を胸に抱いて共に踊るのです。そこに希望が生まれると考えたのです。

練習は「舞い納め」から一番（舞い納めとほぼ同じ踊り）、四番、二番と進み、最後は本番一週間前から三番に取り組みました。出来ばえを見ながら演目を追加していきましたが、当然進度に差が出てきます。茉弥乃や綾《あや》、そして途中から前のめりに取り組み始めた湧《ゆう》香《か》を中心にグループ学習やペア学習に取り組んでいきました。

最初、みかぐらの映像を見た時は（こんなのできない）と思ったし、先生が「できるか分からない」と言ったのを聞いて（なのになんでこんなのやらなきゃならないの？）って正直思いました。伝統的な踊りなのでダンスとは違い、練習すればすぐに簡単に踊れるわけでもありません。（中略）でも踊れるようになるほどどんどん細かい所を求められたり、深さが見えてきたり、表現の仕方があったりで、本当にこの踊りにゴールみたいなものはあるのかなと思います。でも表現の仕方がたくさんあるから自分たちでこれをやる意味もあるのか……と思います。前みたいにマイナスに（なんでやらなきゃ……）っていうのもなくなりました。この前の練習で先生が「この踊りをやる意味を考えて」と言ってました。でも私はまだ、この踊りをやる意味がわかりません。でも「なんでやらなきゃ」という悪い考え方ではなく、どうして、どういう意味を持ってみんなで踊るのかということを考えていきたいです。

（ほのか）

初めてビデオで踊りを見た時、「こんな難しいの自分たちにできるの?」って不安でした。(中略) でもやっていくうちに少しずつ踊れるようになっていって勇気が湧いてきました。「扇回しが意外に簡単じゃん!」って思ったら、踊りに合わせてやってみたら頭がおかしくなって手がとまっちゃいました! 難しい! みかぐらの授業が楽しすぎて最近「うるさい」って言われることが多くなりました(笑)。今やっている八番目の踊り(舞納め)を上達して他のものにも早く挑戦したいです。 (湧香)

既に〝ダンス〟とは違う何か、その「深さ」に気づき始めています。踊りの入り口部分から奥深さを醸し出すのがこの踊りなのです。

「先生、『みかぐら』選んでくれてありがとう!」

リーダーの茉弥乃が、練習が終わった後に、こう言ってきました。

「なんで?」

「だってめちゃくちゃ楽しいから!」

「そんなに楽しいか?」

「もう『みかぐら』やるっていうだけでワクワクしてきます！」

津波で自宅が流され、遠方から長時間通学を強いられている茉弥乃でしたが、いつもクラスのリーダーとして精一杯取り組んでいました。運動会では統廃合の悔しさをみんなの前で堂々とぶつけ、「失った故郷に松を植えたい」という思いを涙ながらに伝えてくれました。誰よりも早く「みかぐら」の魅力に取り憑かれ、踊り以外の太鼓や歌をどんどん自分の中に取り込んでいきました。最初に現地の大森に足を運んで習ったのも茉弥乃たちでした。

さて、教師が教材を選ぶ理由を突き詰めて考えるのは希なことです。あらかじめ与えられた教材を解釈して行うのが普通であり、今回のように教師が自分の責任で教材を選択するというのは、ストレートに教師の文化的力量や教材解釈力が問われるのです。

今回は久保先生や清水頭先生とともに「子どもたちが突き抜けるところまでいきたいなあ」と話し合っていました。中途半端に踊れるようになるだけでは何も得られないと感じていたからです。「うまく踊る」だけではなく、踊ることで自分を見つめ、仲間を見つめ、生活を見つめてほしいと思ったのです。「みかぐら」の美しい世界、何とも言えない神々しい世界を体の中に取り込み、自分のものにしてほしかったのです。「みかぐら」

という文化の鎧《よろい》を身に着けることで、震災の傷で萎縮している子どもたちの心を解放し、不自由さの中でも心身の自由を見つける楽しさを感じ取ってほしいという思いがありました。一人ひとりが自分の感覚で体を磨き、踊りを「自分」化させながら自由に空間を創ることを求めたのです。

それを真っ先に射止め始めた茉弥乃は、「みかぐら」と出会ったことにこの上ない喜びを感じていました。練習場所や道具の準備など前途多難でしたが、この茉弥乃の言葉を聞き、「この子たちのためにやれることはやろう」と決意しました。

「鶏舞」のリズムにも慣れ、少しずつ自信をつけ始めた頃、他の子どもたちに小さな変化が表れました。「なんでこんなのやらなきゃならないの?」と思っていた子どもたちが、しだいに踊りの魅力に引き込まれ始めました。

自分のおどりを鏡で見ていたら、何かが違いました。〝重み〟が足りないと思いました。それとも舞いすぎているのか、よくわかりません。ただわかることは、私の踊りは〝流れている〟ということです。ためを入れているつもりでも、ためがぬけているように感じます(見えます)。イマイチ迫力がありません。(真由《まゆ》)

今日は久保先生にみかぐらの細かい部分を教えてもらいました。今まで練習してきたみかぐらとちょっと違っていて戸惑いました。（中略）今までわからずにいた所があって、もやもやしていた気持ちがとても楽になりました。（菜緒）

『地』との対話」が始まりつつあることを感じました。冷たい大地からひょっこりと芽を出すように、子どもたちの「みかぐら」が重たい土を持ち上げて、その芽を出し始めました。

華麗な舞

一ヶ月半に及ぶ練習は、合わせて七十時間にも及びました。明けても暮れても「みかぐら」の日々でした。震災から二年目の十月。いよいよ「みかぐら」を披露する時が来ました。

せんやーはー　鳴瀬川ほー
野蒜に　浜市　宮戸島ほー
せんやーはー　いつの日にかや
元に戻さん　われら帰らん
よーほー　おもしろやーほー

綾の伸びやかな「幕上げ歌」が会場に響き渡ります。「幕上げ歌」とは、踊りの前に披露される歌で、これは現地・大森御神楽の歌詞を改編して、久保先生が提供してくれたものでした。子どもたちも納得した歌詞でした。この歌詞に込められた思いが子どもたちの心に火を灯しました。

「ドン」

太鼓の音が入場の合図です。鮮やかな浴衣に色とりどりの袴と襷《たすき》、赤い鉢巻をきりりと締めた子どもたちが、入場の太鼓に合わせてそぞろに入場します。扇と錫杖を両手に持ち、それをまっすぐ前方に伸ばします。背筋をまっすぐに伸ばした姿勢に踊りへの思いが表れています。

いよいよ「みかぐら」の始まりです。不自由なく伸びる肢体、力強く振られる錫杖、大地のエネルギーの末端にひらめく扇の鮮やかな振り。この踊りの「核」とも言える体の沈み込みと舞い上がりのタイミングもばっちりです。

しかし、みんながみんな揃っているわけではありません。それでいいのです。それぞれがそれぞれの世界を演じきっているのです。合わせることが目的ではありません。あくまでも「自分を踊りきる」のが目的です。それぞれが味を出すことがメインです。見ている人たちには揃っているように見えますが、実は「自分を踊りきる」ことに徹しているだけなのです。それが美しいのです。

震災の傷を負いながら、また生活の不自由さを背負いながら、一つずつ階段を昇ってきた子どもたち。悲しさを笑顔に、辛さを笑いに「変換」しながらの生活はさぞ苦しかったでしょう。それをおくびにも出さずにけなげに前を向こうとする子どもたち。そんな姿を目の当たりにしている親たちの目に涙が浮かびます。

初めて「みかぐら」に触れた保護者の感想は震災後の辛さを引きずっていたことを思い起こさせます。

「この子たちの中学校生活はどうなってしまうのだろう」と思い悩んだ日がありました。「大人でも堪え難い現実を、この子たちはどう受け止めるのだろう」と涙がこぼれる日がありました。しかし、そんな日々が時間の無駄であったと、一瞬で思わせてくれる先日の鳴瀬二中最後の文化祭でした。一年生、二年生、三年生それぞれが充実した毎日を過ごし、新しいことに挑戦し、成長している姿にたくましさと感動を覚えました。そして、一人一人の眩しい笑顔、私たちにとって何よりの喜びです。

（茉弥乃の母親より）

大成功に終わった親子運動会から二ヶ月が経ち、今度は鳴瀬二中として最後の文化祭が開催されました。「5347人の軌跡〜未来へ繋ぐ最高の笑顔〜」というテーマのもと、生徒たちがこの日のために一生懸命作り上げてきた発表を見させていただきました。どれも完成度が高く、限られた時間の中でこんなにも素晴らしいものが出来るんだなと感心させられる発表ばかりでした。特に、一・二年女子による「みかぐら」は大変印象深いものでした。娘は休日にも関わらず学校へ、岩手へと練習に参加し打ち込んでいました。その姿に『みかぐら』をみんなで完成させるんだ」

華麗な「みかぐら」

という強い意志を感じました。（体調不良でも参加していた時は親として少々心配でしたが……）当日、幕上げ歌で始まり、その歌詞を聞き、ふと目の前に震災前の自然豊かな野蒜・宮戸の風景が広がりました。そこへ色鮮やかな衣装に身を包んだ彼女たちが登場し、時には激しく、時には細やかに、地面をしっかり踏みしめ、そして跳ねて回る姿から、片時も目を離すことはできませんでした。彼女たちの踊りをより一層輝かせていた先生方の歌と太鼓も素晴らしかったです。踊りきった彼女たちの顔は自信と誇りに満ちたものでした。ステージのそでに退場する時に見られた笑顔はとても素敵でしたよ。感動のフィナーレでもテーマ通り、どの生徒も「最高の笑顔」を見ることができ、青春の一コマになったことでしょう。（綾の母親より）

鳴瀬二中最後の文化祭は、私自身の母校ということもあり、閉校ということが何か実感がわかず、寂しさで一杯の気持ちのまま初めて参加しました。子どもたちの歌は、故郷・野蒜を思い出させてくれ、涙が流れてきました。あの日のようには戻れない悲しみは、日々深まる一方でしたが、一生懸命歌ったり、踊っている子どもたちの姿を通して、いつまでもくよくよしていては前に進めない、子どもたちや地域の方々と新しい未来を作っていかなければならないのだと感じました。大事な大事な鳴二の思い出を胸に、子どもたちと一歩ずつ、前に進んでいきたいと思います。

（菜緒の母親より）

「せんやーはー　鳴瀬川ーほー　野蒜に　東名　宮戸島ほー」の幕上げ歌。みかぐらの開幕。なぜか込み上げてくるものがありました。娘に「みかぐら」の話は度々聞かされてはいましたが、想像以上だったことに驚きました。どの発表をとっても一人なくしては成り立たない発表に、ただただ感動するばかりで、最後に笑顔で肩を組み歌った歌声は忘れられません。そして、行事あるごとに一人一人の持っている力、その力が一つになった時のあの姿に子どもたちのすばらしさ、それを引き出してくださる先生方に感謝するばかりです。

（ほのかの母親より）

娘は昨年に続いて貴重な経験をさせていただいて本当にありがたいです。みかぐらに取り組むとはじめに言った時は「面倒だなあ」ということが聞かれました。「きちんと取り組めるのだろうか」と心配になりましたが、日が進むにつれて「○○の踊り、綺麗なんだ」「みんなで揃って誉められた」と毎日聞かれるようになりました。また、照れ屋の千尋《ちひろ》が家族の前でも練習するようになって変化に驚きました。文化祭当日のみかぐらは、子どもたちがとってもきれいな女性に見えて、一年生も二年生も踊りが揃っていて見応えのあるものでした。子どもたちの真剣な取り組みにほれぼれして感動しました。とても素晴らしかったので、ぜひもっと多くの方々に見てもらいたいと思います。

（千尋の母親より）

親たちはまずこの歌詞に故郷の野蒜や宮戸の風景を思い起こしました。いつ戻れるかわからない故郷に思いを馳せながらも、「もう戻れないだろう」という悲しみが親たちの心の底流には流れているのです。どうしても不安が先に立つ状況に変わりはありません。茉弥乃の母親が綴っている通り、「この子たちの中学校生活はどうなってしまうのだろう」という絶望に近い状況から始まった中学校生活に、希望を抱くようになるまでには相応の時間と内容が必要でした。

そして、そのきっかけの一つに「みかぐら」がありました。遅々として進まない復興の中で見出す子どもたちの眩しいほどの成長。単に美しいとか、笑顔に励まされたという話ではありません。命がほとばしるような舞いの姿、復興の担い手として一歩ずつ着実に大人に近づいている姿が、親たちの涙を誘ったのです。「ほれぼれし」た舞い姿が、「そんな日々が時間の無駄であったと、一瞬で思わせてくれ」たのです。

舞納めの最終盤、彼女たちは静かに佇み、座して深々と一礼を行いました。万雷の拍手の中、入場と同じ所作で退場していきました。小さな神々の舞はこうして第一幕を閉じました。私にも万感の思いがこみ上げてきました。

人を一人前にする「みかぐら」

民俗芸能や祭りには、子どもたちを「一人前に育て上げる」という役割があります。村に伝わる芸能＝技（身体技法）を身につけるということは、村存続のための「あと釜育て」の意味があり、将来の村を担う後継者を育てるための通過儀礼の意味があるのです。長老（年配者）は村を背負う若者たちに未来を見出し、「この若者がいれば村は安泰」と心置きなく死出の準備を始めることができるのです。そういう意味で民俗芸能は一種の遺言的伝承なのです。村の子どもたちが一人前の大人へと成長していることを、伝統芸能を身につけることによって確認していくのです。

「みかぐら」を踊る子どもたちが「きれいな女性」に見えるのは、この作用の証なのです。「大人っぽく見える」という清水頭先生の言葉もこの「一人前に育て上げる」過程で出たものです。自立した一個の人間になるとともに、その地域で育った証を体に刻み込むことで「一人前」として認められていくのです。私は、ここに民舞教育の大事な目的があると思うのです。

なんと言っても、一・二年生の『みかぐら』は最後まで目が離せませんでした。初めて見る踊り、見事な扇の回し方がとてもきれいで、先生方もすばらしかったです。去年卒業した娘が『私も文化祭でやってみたかったな』と呟いていました。この『みかぐら』は今回見られなかった人やもっとたくさんの人たちにもぜひ見せてあげたいと思いました。

（大智の母親より）

残念ながら数年前に私が着任した時の文化祭には、「文化」と呼べる内容の演目があまりありませんでした。子どもたちの視線は、有志によるダンスやお笑い芸人風の出し物に集中し、刹那的な楽しみに埋没させられていました。文化祭の「文化」の意味を教師も子どもも十分に吟味できずにいたように思います。卒業生が羨ましがるのは、後輩たちが自分を追い越して成長していくように思えたからでしょう。より豊かな文化を身につけた後輩たちが眩しかったに違いありません。

教師たちは「文化」の意味と内容をはき違えないよう常に議論を重ね、日常的に文化の香りを大事にする教職員集団と生徒集団をつくらなければなりません。「同僚性」の中で「文化」の意味を常に問い、研鑽を積む集団こそ教育者集団であり、文化の鎧を身にまとった集団こそ子どもを「一人前に育て上げる」のです。

運動会と文化祭は学校行事の中でも「文化度」が極めてシビアに問われる行事です。誤解を恐れずに言えば、「文化」への意識が低い職員集団ほど「自主性」という名の下に子どもの好きなようにやらせる傾向があるのではないでしょうか。子どもの「自発性」や「自主性」、その発展としての「主体性」は教師の様々な仕掛けを通じて全うに発揮されると私は思います。これは教師としての専門性が高度に問われる部分です。子どもが自らの心の芯に火を灯し、自らの意思で立ち上がるためには、その準備段階で教師がどのような「指導性」を発揮するかが問われるのです。教師がどんな種を蒔くかによって、その後の子どもの成長を左右するのです。

子どもの成長の度合いは教師の文化的力量と相関します。教師自身がいい文化と出会い、いい実践を学び、いい指導者と交流する。これらの前向きな関わりが教師の実践への意欲を引き出し、ひいては子どもの活動意欲を引き出します。いい文化は子どもの「主体性」という心の芯に灯を灯し、眠りかけている「共同性」を呼び覚ますのです。こうしてほのかの母親が言う「一人なくしては成り立たない」世界を形づくっていくのです。やつれた子どもにはカンフル剤を打つのではなく、いい空気・水＝文化を与えることが必要なのです。子どもの「主体性」はいい文化なくしては育ちません。「みかぐら」にはまさしくその力が内在しており、意味のある内容が豊富に含有しているのです。いい文化とは「共同性」を内蔵したものなのです。

震災当時、子どもたちは小学六年生でした。あの大津波の中を車ごと流され、運よくひっくり返らずに生き延びた子ども、友だちが車とともに津波にのまれていくのを目撃した子ども、天井まで残り数センチのところで呼吸を確保し、かろうじて生き長らえた子ども、母親と姉、そして祖父母を亡くした子どもたち。そんな子どもたちが一つのクラスで生活しています。ある男子は「復興という言葉が嫌いだ」と言いました。変わらぬ故郷の風景に半ば憤りを込めながら、薄っぺらな「復興」の欺瞞を告白しました。心の傷はそれほど深かったのです。

しかし、文化の力が微かな明かりを灯します。「一瞬」で「時間の無駄」を悟らせる文化を私たちは創らなければなりません。「絆」という言葉をいくら連呼しても震災による痛みを和らげることはできません。本当に痛みを癒してくれるのは子どもの成長です。それも文化の鎧を身につけ、地域の担い手としての技を身につけた子どもの姿です。学校がその前線基地にならない限り、親や地域の復興は進まないのです。地域の復興の基底に子どもの豊かな成長を据えなければならないのです。

「みかぐら」を踊る意味は何か――新たな挑戦

「先生、本番は来れないんですか?」

清水頭先生が最後の練習を終えて帰る時、明日香《あすか》はこう聞いてきました。そして、都合が合わずもう来られないことがわかると自らの両手を重ね合わせて、

「ありがとうございました」

と言って深々と頭を下げました。これまでにない所作《しょさ》に私は驚きました。明日香は最後のレポートに「（最初は）見よう見まねで、ちょっと適当だったけど、練習していくにつれ、気持ちが変わってきてどう踊るといいのか、意識して踊るようになってきた」と綴ってきました。

「みかぐら」への取り組みは思春期を迎えた子どもたちの強さと、彼女たちの中に眠る「美しきもの」への憧憬、そしてそれを身に着けた時の成長を感じることができました。それを目の当たりにした親たちもわが子の成長を喜んでいました。「みかぐらがなかったら不登校になっていたかもしれない」という子どももおり、民舞教育の可能性の一端も垣間見ることができました。

しかし、これですべての問題が解決したわけではありません。現実生活に大きな変化が生じたわけでもありません。むしろ「みかぐら」を通して、現実生活の厳しさ、空しさ、辛さを痛感したかもしれません。「みかぐら」という美しい世界を知ることが、逆に現実の厳しさを浮かび上がらせた可能性すらあるのです。「美しきもの」への憧憬は現実生活の厳しさの裏返しなのです。

そう考えると「みかぐら」を踊らせることにどんな意義があるのか、改めて問わざるを得ません。被災した子どもたちが辛く、苦しい生活の中で「みかぐら」に取り組む意味は何なのだろう。子どもたちは口々に「楽しい」「気持ちいい」と言いましたが、その背後に存在する踊る意義そのものには、私も含めてまだ誰も気づいていないように思われたのです。

「みかぐら」でこそ表現できるもの、「みかぐら」でしか表現できないものは何か、自分にとって踊る意味は何なのかという根本的な問いを立てなければ、教育として「みかぐら」を選んだ理由は薄らいでしまうと思いました。明日香なら明日香、茉弥乃なら茉弥乃が「みかぐら」を踊る理由や意味を語れない限り、私自身が教育としての「みかぐら」を語れないと思うのです。残念ながら学校という舞台で「みかぐら」を踊る意味、踊り継ぐ意味はまだ私には見えませんでした。「今」の子どもが先人の知恵を受け継ぎ、未来に引き継ぐ何かを自覚した時、「みかぐら」はまた新たな輝きを放つのではないかと思うのです。

閉校式

翌二〇一三年三月。いよいよ鳴瀬第二中学校閉校の時がやってきました。その頃、彼女たちは同じ「みかぐら」の「荒くずし」の演目に取り組んでいました。「鶏舞《けいばい》」は踊り手が向かい合って踊るのに対して、「荒くずし」は輪になって踊るのが特徴です。踊りも荒々しくなります。

「みんなで輪になって踊る意味を考えてみて」

最後に久保先生はもう一度「荒くずし」に至るまでの所作を説明し、こう投げかけました。

「みんなどんどんはじけて！」

清水頭先生は非日常の世界に子どもたちがたっぷりと浸かることを願いながら檄を飛ばしました。

「せんやーはー　鳴瀬川ほー……」

久保先生が子どもたちのためにつくった「幕上げ歌」を、真由が澄んだ声で歌い上げます。茉弥乃の太鼓に合わせて子どもたちが厳《おごそ》かに入場します。リーダーとして悩みの多かった茉弥乃が、まっすぐに踊りを見て叩きます。

「やっぱり茉弥乃の太鼓はいい」

久保先生も太鼓判を押します。

ステージ上に一つ、そのすぐ下に二つの輪。津波で壊滅した旧校舎のモザイク画をバックに、三つの輪がそれぞれの輝きを放ちます。ステージ脇には旧校舎の廃材で作った校章の額が飾られていました。思い出の風景と品々の中で、踊りの輪が回転と収縮を繰り返します。どの子どもも伸びやかで凛としています。「荒くずし」本来の荒々しさとは違った思春期の女子が醸し出すしっとりとした落ち着きがあります。身のこなし、「間」の取り方、沈み込みのタイミング、扇の振りの優雅さ、視線の確かさ……どれをとってもやはりこの仲間の「息」なのです。その「共振」ぶり、「一人前」になりつつある人間の姿が実にかっこいいのです。

と同時に、彼女たちが一気に大人になったような一種の寂しさもありました。私の目からぽろぽろと涙が落ちました。「輪になって踊る意味」の答えがこれだったのです。

身内を目前で亡くした子ども、避難した先で津波にのみ込まれ間一髪で助かった子ども、そして友だちづくりの苦手な子ども。全員の心が一つになって神々しく舞っています。会場を埋めた約五百名の参加者は、最後の在校生の凛とした姿を大きな拍手と共に見届けました。

途中からリーダーになったほのか。私の太鼓のリズムの微妙な違いを鋭く指摘した子どもです。文化祭の発表をきっかけに大きく変わります。「なぜこんな踊りやるの?」という気持ちが文化祭後には「すごく誇りに思えた」と変化します。「荒くずし」のリーダーになってさらにスイッチが入り、リーダーを「やる前と後では全然考えてることが変わった」と言います。閉校式では『『これがこのメンバーで最後』と聞いて初めて『あっそうなのか……』と思った。すごく寂しいなと思ったけど、踊る時は正直全然頭に浮かばなくてすごーく踊りを楽しんでいたと思う」と綴ってきました。それほど「自分を踊りきる」ことに没頭していたのです。

「みかぐら」が大好きで最初は独特のリズムを刻んでいた真由。踊りのことになると話が止まらなくなります。腰を落として浮き上がる動作のイメージを、「地からエネルギーを吸い取った直後に放出する」「浮き上がる時にフッと軽くなる感じ」にすると言いました。鏡の前で自分の腰の落ち具合や動きの大きさなどをチェックすることで自分を磨き、さらに自分の踊りを過信しすぎると「進化」を忘れてしまうので「自信をおさえこむ」と綴ってきました。

「DVDで見た踊りをすべてできたころにはどんな気持ちなんだろう、すごいだろうと想像していた」という詩歩《しほ》。「自分だけぜんぜんできなかったときは泣きそうになりました」と打ち明けてくれました。「荒くずし」に入り、「足を教えてもらっただけで自分の中で楽しい、何か気持ちいいとうすうす感じるように」なり、この踊りの特徴を感じるようになったと言います。閉校式での久保先生の最後の言葉が詩歩の心を引き寄せます。

「いつものお面を外して、いつもと違う自分という気持ちで……」

「そのとき感じたことをいつもより強く感じて踊ろう」と気持ちを奮い立たせました。閉校式の後、自分の気持ちを切々と書いてきました。


せつないです。自分の心がよく分からないのですが、このメンバーで踊るのが最後というのがたぶん気分を下げているのだ（中略）この踊りがあってただただ良かった（中略）おどりだけでなく普段からこの同級生・仲間で本当に本当に良かったといつも感じています。統合するのがどうしようもなくイヤでしかたありません。特に、みかぐらをしているとこの仲間の活動、支え合いを強く感じられます。閉校式がこのメンバーでは最後だったんだなと思うとさみしいです（詩歩）

私は詩歩の踊りの小ささが気になっていて何度かそのことを本人に指摘しました。その度に詩歩は怪訝そうな顔をしていました。

「私の声の小ささと踊りの小ささは関係あるのでしょうか？」

ある日の日記に詩歩はこう綴ってきました。それを仲間と共に乗り越えてきた詩歩が「せつない」と感じるのは、表現以上に一体感や信頼感を感じていたからだとつくづく思います。

半年に及ぶ実践の中で子どもたちは踊る心地よさ、表現する喜び、祭りの楽しさなど多くのものをつかみました。最後の在校生の確かな「学び」の足跡を刻んで鳴瀬二中はその五十五年の歴史に幕を閉じました。

第四章

「《命とは何か》を問う授業」へ

「綴る」ことは「生きる」こと

自分にとっての家族

「家族がいる」ということが、「人間が息をする」というぐらいあたりまえだと思っていた。……「家族」が何なのか、どういうものなのか……考えもしなかった。一人もかけず、みんなでずっと生活できると思っていた。……今思い出すのはいやだが、三月十一日の震災で僕は、姉と母を失った。遺体を見た時は実感がなく、「えっ、何？」という感じだったが、遺体が焼かれる時にすごい涙が出て……その時に「家族を失った」ということと、「その家族がどういうものだったか」という思いが心に入って来た。ぼくは、家族を言葉で表せないぐらい、なくてはならないものだと思う。

（佑麻《ゆうま》）

入学後すぐの作文に、佑麻はこう書いてきました。家族への思いが「心に入って来た」という表現をどう理解すればいいのでしょうか。もしかすると母親と姉の最後のメッセージだったのではないか。

私は震災の翌年、「防災主任」を務めました。防災教育の事例を研究するのが目的でした。その担当者の会議で、「防災の手引き」を作ることになりました。私はぜひ子どもたちの作文を載せて、その「声」を次代に引き継いではどうかと提案しました。すると、あるベテラン教師がこう言いました。

「子どもの作文を載せた冊子がたくさん出ているが、私は辛くて読めない。作文はあまりにもリアルすぎる。気軽に読めなくなる」

確かに心に傷を負った子どもへの配慮は必要ですし、「手引き」として「気軽に読めるものを」というのも理解できます。

しかし、私は何か腑に落ちませんでした。厳しい現実に目を覆いたくなるのはよくわかりますが、子どもの「作文」が辛くて読めず、それを載せた「手引き」は「気軽に読めなくなる」というのは、被災地に生きる教師としていかがなものかと疑問に思ったのです。

震災を生き延びた子どもの「作文」は、自分や他者の生き死にと向き合ったものです。そこには「生きる」ことの意味が綴られてくるはずです。佑麻の作文もその一つなのです。

そして、何よりも「綴る」ことは「生きる」ことそのものなのです。子どもの「作文」は、震災での辛さや悲しさ、恐れや悔しさを携えながら「生きる」証そのものなのです。この子どもの「生きる」に寄り添うのが教師ではないでしょうか。

教師の辛さは「作文」を読むことにあるのではなく、この「生きる」に寄り添うことしかできない無力さにあるのだと私は思います。辛さの履き違えが起きているのではないか――「寄り添うことしかできない無力さ」の自覚とその悲しみを感じる、そういう教師でありたいと思うのです。

「命を守る教育」をしてきたか

私は、震災後、地域復興の狼煙を上げる運動会や子どもたちが生を実感する「生きている証を探す授業」、ルールを一から創り出すフットボールの「歴史再創造」型実践、伝統芸能による心身の解放を目指した「みかぐら」の実践などに取り組んできました。

しかし、一方で「私たちは本当に子どもの命を守る教育、命について子どもとつき詰めて考える授業を行ってきただろうか」という思いを、震災後から抱いていました。震災の前日まで元気だった教え子を荼毘に付すという経験は、これまでの私たちの教育観や実践観を「再審」にかけました。否応なく根本から問い直すことを求められたのです。

被災した子どもたちの中には、ずっと本音を隠し続け、悶々《もんもん》としている子どももおり、「前向き」な言葉の背後に数多くの語れぬ言葉が存在していることを、私は薄々感じていました。痛々しいほどの美辞を並べながら必死に生きる子どもたちの本当の声を、仲間とともに聴き合う実践、子ども自身の生きた言葉で綴り語らせる実践は、ここ被災地でこそ必要ではないかと私は考えました。生活経験（主に震災体験）の中から、子ども自身の言葉を紡ぎ上げ、「命とは何か」に迫ろうと考えました。

被災地の子どもたちが「命とは何か」を問う意義は、日本の子どもたちの抱える生きづらさに通底するとともに、そのままこの日本の《形》を問うことになると考えたのです。

いくつかの課題

この実践を始めるにあたり、いつ、どんな方法で語らせるのか、そもそも「命とは何か」を問わせるべきなのかなど、大きな課題がありました。

しかし、私の中には震災後の時間経過の中で、震災の記憶、記録ともに正確・詳細なものは、いずれ語られなくなるだろうという危機感がありました。それは、事実、学校課題としても取り上げられていました。ただ、被災した子どもたちの心の有り様は千差万別であり、軽々に取り組める実践でないことは明らかでした。

そこで私は、この実践と並行して、子どもたちの関係づくりや心身を解放する実践に力を入れました。

その典型的な実践が、既に述べた「みかぐら」の実践でした。亡くなった人への「鎮魂」の思いを込めた「みかぐら」の実践は、子どもたちの関係を再構築し、共に生きる仲間、共に地域を作る仲間、そして共にあの震災を生き延びた仲間として、心を開き合いました。これは同志的な関係と言ってもいいかもしれません。

また、子どもたちの本音を引き出し、生活のありのままを語らせるため、生活綴方（作文）を中心に授業を構想しました。子どもが最も自分の本音を吐露し、それを受け止め、共感し、また反駁し得るのが綴方であり、より多くの子どもたちの見えない心の輪郭や核心をつかむためには、やはり綴方しかないと私は考えました。

ただし、「命」をテーマにした綴方は、綴る方にとっても綴らせる方にとっても厳しい場面が予想されました。「まだ震災真っ只中の子どもがいる」という情報は、教室や保健室から常に発せられ続けていました。子どもの綴方を受け止める力量と覚悟が、教師にも子どもたちにも求められました。そして、親族の「死」に直面した仲間の内面に徹底的に向き合うこと、震災で傷つく仲間の心の寄る辺なさに徹底的に共感すること、このことを抜きにしては、この授業に「意味」は生まれないと考えました。

授業は、三年生クラス（八十三名）を対象に、「総合的な学習の時間」に実施しました。綴ることも話すことも強制はせず、自由に記述させました。発表する場合は、本人の了解を得ながら進めることとしました。

「《命とは何か》を問う授業」へ

(1)「命」とは何か(その一)~私の震災体験~

授業は、まず「私の震災体験」を綴らせることから始めました。心配される子どもに十分配慮をした上で、自由記述としました(以下、「……」は中略箇所)。

僕は震災前も震災後もずっと命のことを考えていました。命について書けることを少しだけうれしく思います。震災前は命について考えるといっても「好きな虫がすぐに死ぬのはなぜだろう?」そんなきっかけでした。そんなことから考え続けていて、もっと深く考えることになりました。あの日の震災で。

地震がきたとき、僕は小学校で委員会活動をしていました。下の階では弟が待っててくれました。地震が起きた直後はあまり覚えていません。弟の心配でいっぱいでした。体育館に避難して、弟と会った時、弟が泣き出してしまって、それに安心したのか僕も泣いてしまいました。でもまだ家族と家が心配でした。（早く家に帰りたい。家に帰れば地震なんかいつもみたいにおさまる）そう思っていました。

家に帰っている時、ラジオで津波警報が聞こえていました。家に帰り、みんなの顔を見て安心したけど、警報は鳴ったままでした。（まずいのでは？）と思い、みんなに、

「避難しようよ」

と言ったら親に、

「大丈夫。来ない来ない」

と言われました。今思うとここでしたがわずもっと言えばよかったなあと思います。津波がくるのは一瞬でした。

「地面が割れてる！」

そんな話をしながら、ふと外を見てたら、左の家のすぐ左の道路に黒い水が流れてきました。

「えっ？」

僕が固まってると、目の前の草原と右の道路から同じような黒い水が流れてきました。水が家に押し寄せ、水が上に上がっていき、自分は（大丈夫、大丈夫）と言い聞かせていた。その時、

「パリン！」

居間の大きい窓が割れ、一気に水が入ってきました。水がまだまだ流れてくる中、お父さんと弟がいないことに気づきました。でもそんなこと考えてる暇はない。お母さんが水で浮いたタンスにじゃまされていて、それをお姉ちゃんが助けていました。僕はそれをただ見ているだけでした。「足が動かない」そんな表現をよく聞きますよね？　それが本当だと初めて知りました。家族が逃げ遅れているのに何もできなかったのが今になっても後悔しています。

水が引いてきてすぐに家族の二人がいないのに気づきました。呼んでも返事がない。それでも大丈夫だと信じました。家族が集まって助けを待つ時も二人が心配で非常食なんてのどを通りませんでした。家から離れる時に、「本、もったいないなあ」とかどうでもいいことばかり考えていました。現実から目をそむけたかったんだと思います。

何ヶ月かたち家族の遺体を見た時、信じたくありませんでした。でもなぜか涙は出ませんでした。信じることができないまま時はまた過ぎ、二人の遺体を火葬する時に泣きました。思いっきり泣きました。でなきゃいけない会にも出ず、ずっとずっと泣いていました。泣き止みそうになると次の思い出を思い出し全然泣きやめませんでした。その会が終わるころに泣きやみました。（二人の分もがんばろう）そう決めて、もう泣かないようにしたけど、少し思い出すたびに泣いてしまいます。二人はいつでも、今でも見守ってくれてると思います。

火葬の時、言えなかったけど今までありがとう。お母さんの優しさはいつでも、どんな時でも、元気にしてくれる魔法みたいでした。お姉ちゃんのしっかりさは、どんなことも安心して任せられる、助けてくれる、お姉ちゃんなのにお兄ちゃんのような、それ以上のような存在でした。……僕は命については、先生が言うとおり答えなんてないと思います。よく聞く言葉だけど「失って初めて気づくもの」でもあるし、「強くて、弱くて、美しいもの」とも思うし、そのまま「生命を表すもの」だとも思います。でも僕は答えを出せていません。出せるわけがありません。でもそれでいいと思っています。僕たちはまだまだ「命」と付き合っていきます。

ます。……

（佑麻）

作文には私たちの知らなかった事実が次々に綴られてきました。「気の進まない子どももいるのでは……」という心配をよそに、子どもたちは当時のことを詳細に綴ってきました。普段なかなかペンの進まない子どもも、堰を切ったように綴ってきました。

象徴的なのは、佑麻の「命について書けることを少しだけうれしく思います」という言葉でした。逡巡・葛藤しながらも自分の思いを表現できることに、何がしかの希望を抱いていました。つらい時期を過ごしながら、私的な「命」から、人にとって普遍的な価値をもつ「命」、佑麻の言葉で言えば、「強くて、弱くて、美しいもの」という感覚的な認識に至っています。そして、「僕たちはまだまだ『命』と付き合っていきます」と綴り、「命」の問題を自らの「問い」として引き取る覚悟を表明しています。

しかし、一方で佑麻はこの作文を「泣きながら書いた」と後に語っています。決してすんなりと綴ったものではないことも忘れてはいけません。苦しい中で精一杯、自分を変えるために言葉を紡ぎあげてくれたのです。

震災の日、私は女川《おながわ》二小で授業を受けていました。私は（もう少しで授業が終わるな）と思っていた時に地震がきました。教室は四階だったので揺れは激しく、窓が割れる音、みんなの筆箱が落ちる音、泣き声、いろいろな音が聞こえました。その時のことはすごく記憶に残っています。

全校児童が校庭に避難を終え、児童の保護者が校庭に来ていました。女川二小には、

森の階段がありました。一人の保護者がその階段の方へ行きました。その時にはもう階段の三段目まで津波が来ていたと聞きました。それを知った校長先生は、

「逃げろー」

と大きな声で言いました。なので、私たちは総合運動公園に走って逃げました。私は逃げる途中に自分の家が津波にのみこまれていく所を見ました。上に避難が終わった後には雪が降っていました。そして弟がちゃんといることを確認しました。

体育館の中に行きました。しかし、そこには祖母、祖父、お父さん、お母さんの姿はどこにも見当たりませんでした。私たち兄弟は私の親友の家族といること

にしました。

次の日、私は友達と外へ行きました。私と友達が見たものは、自分が住んでいた所のものが全てなくなっていて、あるのはがれきだけでした。それから二～三日すると祖父と祖母が私たちを迎えにきました。その時はすごくほっとしました。私達は祖父と祖母に連れられて別の避難所へ移りました。一週間くらい避難所にいたら、野蒜の祖父と祖母がきてくれました。そこから私達は野蒜で生活することになりました。

四日後くらいに女川町へ戻りました。祖母が、

「ちょっと待ってて」

というので私達は待っていました。祖母は泣きながら戻ってきました。祖母に、

「ママね、死んでた」

と言われ、私達は言葉も出てこないし、泣けもしませんでした。まだ、その事実を受け入れられませんでした。お父さんは、今も遺体が見つかっていません。葬儀はしてしまいましたが、私は見つかっていない限りお父さんは今どこかで生きていてほしいなと思っています。そして、お母さんの分まで私は生きたいと思い

ます。

（亜美《あみ》）

亜美は、生徒会の副会長として活躍していました。住んでいた町が流出するのを目の当たりにするとともに、大切な両親を失っていました。「お母さんの分まで生きたい」と健気に述べていますが、そう簡単に心の整理がつくはずがありません。彼女の前向きな言葉は、私たちにとってはむしろ痛々しく感じられました。

同じ学年・学級の子どもたちとの交流を前提に、このような体験が綴られる意味は大きいのです。綴られる内容は極めて私的な出来事でしたが、子どもたちはそれを共有する価値があると直感したように思います。

(2)「命」とは何か（その二）～「私の震災体験」を読む～

「命」とは「強くて、弱くて、美しいもの」――この言葉をどう受け止めたらいいのでしょうか。私は、佑麻の作文をみんなで読み合わせようと思いました。

その前に、佑麻の気持ちを確かめる必要がありました。

「ぜひみんなに紹介して、『命』について考えてみたい」

私の申し出に、佑麻は少し間をおいて、

「はい、いいですよ。」

と、了解してくれました。佑麻自身も「自分の中で何かが変わるのでは」とかすかに期待した上での了解でした。

授業は、クラスごとに数篇の作文を紹介し、それから佑麻の作文を読み上げました。その後、お互いの議論は行わず、それぞれに感じたことをそのまま綴ってもらいました。

僕は佑麻君の作文を読んで、改めて命は大切なものだと思いました。僕は佑麻君のお母さんが流されたことは知っていました。そのきっかけは佑麻君の家に遊びに行った時に、お母さんがいなかったからです。最初はそんなことはあまり気にせず、仕事に行ってると思っていました。

でも友達が帰っている途中に仏壇にお母さんみたいな女の人の写真があったと言われ、佑麻君のお母さんがいないと知りました。でも僕はあまり信じていなかったので、当時同じ学校に行っていた福田《ふくだ》君にそのことを聞いてみたら、お母さんとお姉ちゃんが流されたと聞いてびっくりしました。
佑麻君は家族を二人も失ったのに、いつも明るく元気にしていたからです。でもこのことは佑麻君には言えず、心の中にしまっておきました。もしそれを佑麻君に言ってしまっていたら、またその時のことを思い出して泣いてしまい、心を傷つけてしまうと思ったからです。……僕は命の重さは誰だって同じだと思います。この震災では多くの人があんなにも簡単に亡くなってしまいました。僕はその人たちのことは知らないけど、その人たちの分も精一杯生きていきたいです。
（大樹《だいき》）

大樹は、親友の辛さに深く共感し、心の奥にある痛みに寄り添おうとしています。仏壇の写真がお母さんだったことに驚いたが、佑麻の気持ちを察して決してそのことを口にしませんでした。友だちを思いやる大樹の優しさと、純朴な中学生の姿がここにあります。何気ない生活の中でも、子どもたちは互いに気を遣い合っていたのです。

佑麻君とあれだけ話をしたり、笑ったりしていたのに、こんなことがあったなんて気づけなくて申し訳ないと思った。

　僕は今から六年前に祖父を亡くしたけど、一緒に遊んだりもした祖父が死んだ時は、心から泣いていなかったと思う。心ない涙というか、そんな感じで「ああ、もう会えないのか」くらいで考えていた気がする。目の前で助けることができた命が、自分が手を伸ばせば生きている命が、助からなかったのは、非常に苦しいと思う。あと一歩での結果が取り返しのきかない結果だと、自分が自分を拒んでしまうくらい絶望という名の地獄に放り込まれてしまうのではないかと思う。

　でも、そこからどう自分を自分として認められるかが鍵になると思う。鍵をつかめれば元の生活に近い形が取り戻せて、つかみそこねた時は限りなく永遠に近い暗闇にとらわれてしまうと僕は思う。自分の命を救えても他の命が救えなかった時、自分を見失う可能性だってあると思う。つまり他人の命であれ自分の命であれ、どちらを失っても自分が失われると言っても過言ではないと思う。命を救うというのは、自分を救うことでもあるような気がする。

（昇汰《しょうた》）


「命を救うというのは、自分を救うこと」という言葉が重く響きます。祖父の死に対する自分の姿勢を思い起こしながら、佑麻の苦しさに何とか寄り添おうとしています。深い後悔の中で自分を見失わないように、仲間を気遣う気持ちが伝わってきます。佑麻に対する「何とか自分を認める鍵を見つけてほしい」というメッセージにも聞こえます。後に、佑麻は「死んでしまいたいと思うこともあった」と打ち明けてくれましたが、「自分を認める鍵」というのは多くの悩める子どもたちにとって必要な「鍵」なのかもしれません。

佑麻君の気持ちはよくわかりました。私は震災で直接親族を亡くしたわけではないけどショック死という形で、ひいばあちゃんを亡くしました。自分にとってとても大切な人を助けてあげられず、目の前で亡くすのはすごくつらいことだし、悔しく後悔します。どうして自分は助けられなかったのだろう、ちゃんとありがとうって感謝の気持ちを伝えなかったのだろう。そう思います。……私はテレビとかで見るだけだけど、どうして簡単に人の命を奪ったりするかがわかりません。そして、自分もですが、自分の子を簡単に捨てられるのか。親が自分で育んだ命を捨てるのと一緒です。私は親に捨てられたとわかった時、自分はいらないとか、いろいろ考えてしまったりもします。「自分から死ぬ」と思った時もあります。今でも周りには言われます。どうして自殺したいと思うのかがわからないと。……「自分の命→捨てられた→必要ない→消える」その考え方に自然になっていくのです。命は大切にしろ、よく言いますが、ならば、自分の次に周りの人を大切にしてほしいと思います。……命を育てるのは親、ちゃんと育んだ命は責任を持って育ててほしい……最初は好きで生まれてくるんじゃないのですから。……（蘭《らん》）

蘭は、両親の離婚を引きずり、「自分は必要のない人間」だと思い込んできました。保健室に来ては、暗い表情で自分の存在に疑問を投げかけていました。私も、彼女の泣いている姿を何回か見かけました。「捨てられた」という思いはどうしても拭えない心の傷になっていたのです。佑麻の作文から、自分はなぜ生まれてきたのかを問いかけています。「決してそんなことはない」「あなたも大切な一人」と力説してみても、彼女の心に響かないことは、この作文から容易に想像がつきます。

私は佑麻君の作文を読み、同じようなことを当時思っていました。お母さんが遺体で見つかった時、泣きもできなかったし、なんて言っていいのかも分かりませんでした。なので、葬式に出たくないし、火葬にも行きたくありませんでした。私は大好きなお母さんとお別れをしたくなかったからです。佑麻君の気持ちが痛いほど分かります。このような経験を受け継ぐには、次の世代へ語ったり、教えなければ、また私や佑麻君のように大切な人を亡くしてしまう人が出てきます。私はもうこのような悲しい思いをする子どもたちを見たくありません。少しずつこのような体験を話していきたいです。

私は命について答えなんてないと思います。だけど私が考える命は「この地球からしたらすごく小さなもの」だと思います。でもそんな小さな命を無駄にはできないと思います。無駄にしちゃうと自分を生んでくれたお母さんが悲しみ、いろんな人が悲しみます。私の母方の祖母は泣きながら私のお母さんのことをしゃべってくれたことが今でも頭に残っています。私は、このことからお母さんはたくさんの人から好かれていたことが分かりました。私はそんなお母さんを誇りに思っています。お父さんもいつもたくさんの友達に囲まれていました。お父さんは明るくておもしろくてすごい優しいお父さんです。お父さんが早く見つかってほしい、骨だけでもかえってきてほしいと思っています。私は野蒜の方に来てから変な夢を見ました。お父さんが出てきたのです。お父さんに「亜美は生き残ったからパパの分まで生きろ」と言われました。私は何も言えませんでした。でも夢の中でもお父さんに会えたことがとても嬉しいです。でももう会えないのはすごく悲しいです。……

（亜美）

子どもたちは、仲間の作文を自分の経験と照らし合わせながら、問い返しを行っています。亜美や蘭以外でも、「命は捨てるのは簡単でも、生きるのは大変です。大変でも生きることに意味があるのだ」（瑞樹《みずき》）、「その一つ一つの『命』にそれぞれの意味があるはず」（政貴《まさき》）など、「生きる」ことの意味や「命」の意味を何とか語ろうとしていました。

さらには、「どうして簡単に人の命を奪ったりするかがわかりません」（蘭）というように社会における「命」を巡る問題や、「命を救うというのは、自分を救うこと」（昇汰）、「今の世界はその一つ一つの『命の価値』が平等ではありません。……『命の価値』は誰にも決められません」（政貴）というように、「命の価値」を問う者も出てきました。

そして、「何か変わるんじゃないか」と期待しながら自分の作文を読んだ佑麻の葛藤も、綴られていました。「一線を越えてしまえば簡単に消えてしまう」（佑麻）という儚さに対して、それでも考え続ける決意を綴っています。「何があっても一線を越えてはならない」という強烈な決意が暗示されていました。

この授業で、子どもたちの問題意識は、いじめ、不登校、自死の問題、殺人、虐待の問題、離婚による心の痛みなど、多岐に広がっていきました。子どもたちがそれぞれの経験に引き寄せ、さらには社会の「命」観を問おうとしていました。

言い換えれば、「命」の問題はそれほど身の回りに溢れていること、そして差し迫った危機感を感じることなく生活してきたことが、いかに不自然だったかに気づき始めていました。たった一度きりの「命」をどうつなぐのか、そのつないだ「命」とどう向き合うのか。その答えを考え続けようとしていました。

（3）「命」とは何か（その三）〜「私の震災体験」から考える「命」の問題〜

事実をありのままに綴り、矛盾や葛藤が表れている作文を取り上げ、みんなで読み合わせました。作文は子どもたちの心を揺り動かしました。

私は、今日昇汰君の作文を聞いて、私もお父さんとお母さんが亡くなった時に、「何であの時あんな声のかけ方をしたんだろう」「もっと一緒にいれたんじゃないかな」とか、たくさんの事を考えました。そして、お父さんとお母さんが亡くなった時は、光が届かないほど深い暗闇に閉じ込められた気分でした。「もう何もしたくない」「生きたくない」「誰もいない」など、多くの事をずっと思っていました。今でもたまにあります。このような事を思う時は決まったように、お父さんとお母さんが笑って自分のことを見ています。私はそのお父さんとお母さんの方に手を伸ばそうとします。しかし、全然届きません。でも届くことはないと実感しているのに手を伸ばし続ける自分が嫌です。だから、心のどこかで誰かに助けを求めていると思います。そう思うとまた嫌になります。私はこんな悪循環をあの日から繰り返しています。

（亜美）

私は、亜美の変化に注目しました。両親を失い、弟と二人きりになった亜美。決して弱音を吐かず、常に前向きに生きることに努めてきた亜美。

「私は後悔をあまりしないようにしました……そうすることで前へ進むことができました」この運動会での「決意の言葉」が象徴的でした。人間は「後悔しないようにする」ことなどできない動物なのです。この時、私は亜美にこう言いました。

「人って後悔してもいいんじゃない？」

すると亜美はポロポロと涙をこぼしました。前向きに生きることを半ば演じることで、周囲に気を遣わせずに生活しようと心がけていたのです。私たちには、悲しみを覆い隠すように希望を語り、やるせなさを悟られないように、笑顔を見せる姿が痛々しく映っていました。

そんな亜美の告白は、やっと心の内を見せてくれた瞬間でした。同じクラスの仲間の作文を読みながら、「このクラスなら受け入れてくれる」「思い切って綴ることで何かを打開したい」と思ったのかもしれません。亜美の作文は、ほんの小さな光を発していました。

「自分から生きるのをやめたりする人の気持ちが分かりません」……たしかに、自分の思いこみかもしれないけど、本当に考えて、悩んで、それで出した結果が

「死」なのです。自死する人だってずっと生きていたいのです。けどある事が原因で自分を見失うと、死んでこの世から消え去りたいと思ってしまうのです。私も自死したいって思う時がたくさんあります。家にもどこにも気持ちの居場所がないから。いろんな人に「居場所は自分で作るもの」とよく言われます。たしかにそうかもしれません。でも、いくら友達が多くても、話せる人がいても、「親」に見捨てられてしまっては、もう自分の生きる意味も見つけられません。どうして生まれてきたんだろう、生きてても意味がないんじゃないか、もう消えてしまいたい、そう思うのです。私は毎日考えて、でも、答えがでなくて、とても苦しいのです。泣いて泣いて、自分を見捨てた親を憎んで、恨んで。でも、答えはない。でも、これは自分の人生。永遠に死ぬまでついてくるのです。これからもずっと。いくら、親を憎んでも、意味はないけど、それでも憎んでしまうのです。（蘭）

親の離婚による心の傷は想像以上でした。これは経験した者にしかわからない「心の空洞」なのです。埋め合わせるものが見つからない、心のやり場のなさが伝わってきます。

親の離婚にかかわらず、私たちはこういう居場所を喪失している子どもたちに、どんな言葉を届けてきたでしょうか。いじめや不登校問題の陰で、静かに潜行している子どもの「生きる意味」の喪失という問題に、どのように向き合ってきたでしょうか。自分自身の無力さに愕然としてしまうのでした。

他にも「命とは『生きる』こと」（誠矢《せいや》）という発言や、いじめ・引きこもりの問題、世界の貧困（格差）の問題から「『命』が大切だとは言いながら、その価値は平等ではない」という発言など、次々に新しい「問い」が発せられました。

私たちの無力さの自覚とは対照的に、子ども自身による「命」の問い返し、「命」に関する「問い」の自己運動が始まりました。

（4）「命」とは何か（その四）～二人の作文から考える「命」の問題～

亜美と蘭の作文を取り上げ、読み合わせました。人の「死」や居場所喪失という問題に対するリアリティを持ってもらいたいと考えました。

亜美については、普段明るく振る舞っていても、どこかで誰かに助けを求めているという事実、でも誰かに頼ると相手に迷惑をかけてしまうと心を砕いている事実、その葛藤に触れさせたいと思いました。

しかし、亜美の心に土足で踏み込むわけにはいきません。私は、亜美とじっくり話をしようと思いました。

「(お父さんとお母さんは)夢の中とかで出てくるの……」

「うん……」

「一生懸命手を伸ばそうとするんだ……」

彼女は涙をこらえながら、静かに頷きました。

「『届くことはないと実感しているのに手を伸ばし続ける自分が嫌です』って……なんで嫌なの?」

「届かないって自分ではわかっているんだけど、それでも手を伸ばし続けるのは、心のどこかでまだ、お父さんやお母さんに頼りっぱなしのところがあるから……それが嫌……」

私は、言葉が出てきませんでした。心が目詰まりを起こしたのです。そして、しばらくして何とか言葉を熾《おこ》し、ほとんど無意識にこう語りかけました。

「手を伸ばしてもいいんじゃない？」

自然に涙が落ちてきました。

「頑張れる時は頑張ってもいいけど、でも頑張れない時は頑張らなくていいし……もし自分の気持ちの中で誰かを頼っているなと思うんだったら、もう思い切って頼っていいんだよ……」

今思えば、この言葉は、私自身がそれまで溜め込んでいた彼女への言葉だったような気がします。そして、それは身内を亡くした子どもたちへのメッセージでもありました。

しかし、それでも彼女の苦悩はそう簡単には解けません。

「でもそれで頼りっぱなしになったら、その人の負担になりたくないから……そんな頼りっぱなしにもできない……」

「相手が困ってしまうから？」

彼女はまた小さく頷きました。熾りかけた小さな火が、またふっと消されたような感覚になりました。

しかし、私はすぐに何人かの子どもの作文を思い起こしました。亜美を取り巻く子どもたちの声が聞こえてきたのです。そのうちの一人、篤志《あつし》の作文を私は彼女に紹介しました。

「『同じ学年の人なのに知らないことがいっぱいあることに気づいた』……篤志なりに、自分は何も知らないってことを後悔してるっていうか、申し訳ないっていうか……そういう思いはあったと思う……これくらいしか書いてないんだけど、なんかいいなあって」

亜美は少し笑みを浮かべて、その作文を覗き込みました。「解読」に時間のかかる文面でしたが、確かに私の紹介した部分があるのを、亜美は確認し、また小さな笑みを浮かべました。亜美の悲しみと教師の苦しみ、そして仲間の励ましが交錯した瞬間でした。

そして、亜美は、みんなの前で自分の作文を発表してもいいと、後日伝えてきました。躊躇していた亜美の背中を押したのは、普段はあまり人前に出ることがなく、教室の後ろの方で隠れるように勉強している篤志の言葉でした。

「知らなかったことを申し訳なく思う」

篤志らしい優しさの表現でした。

蘭の作文については、同じような経験をした子どもを含めて、中学生に多い自死願望や居場所の喪失、自尊心の欠如などの問題を考えたいと思いました。その結果、子ども一人ひとりの生活史を反映した作文が、次々と綴られてきました。

私も三歳のとき、母親がいなくなっていて、蘭さんの気持ちがよく分かりました。でも、母親をうらんだりはあまりしませんでした。三歳のときに、離ればなれになったので、一緒にいた記憶も、しゃべったり、遊んだ記憶もありません。それに七歳ぐらいで、新しいお母さんができ、お姉ちゃんも二人もできたので、あまりなんとも思ってませんでした。

だけど時々、「なんで一緒にいてくれなかったんだろう」とか、「なんで別れたんだろう」とか、思ったりします。

だけど今は生んでくれてありがとうと思っています。今の新しいお母さんにも出会えたし、お姉ちゃんも二人できました。だから感謝しています。今はすごく楽しいし、明るいので良かったと思っています。一回も会ったことがないけど、会ったら「生んでくれてありがとう」って伝えたいです。

（千尋）

授業の途中で泣き出した千尋。蘭の作文を読んで、共感する部分を感じ取りました。心のどこかに少しだけ「空洞」部分が残っていたのかもしれません。

「いいからもう泣くな」

同じ班の優太は、そう言って千尋にティッシュボックスをポンと放りました。みんな千尋の境遇を知っていたのでしょう。それとなくティッシュを放った優太の優しさが伝わってきます。このやりとりに、私はうっすらと涙が浮かんできました。

蘭の作文を読んで同じ事を思っていました。自分もこんな自分が生きてても意味ない、自分は生きててもいいのかとか、なんで生まれてきたのか。そんなふうに考えるのは毎日のようにありました。私はつらい思いとか、嫌な思いをしても、誰にも話しませんでした。ずっと心の中にとじこめていました。だけどそれを発散させることはできなくて、ある時、からにとじこもってしまいました。誰とも会いたくなくて、学校にも行かなくなりました。だけど勇気をふりしぼって、一回だけ学校に行きました。

「あっ不登校だ」

本当に言ったかあいまいだけど、そんなふうに聞こえて、弱っていた心はすぐにおれて、話すなら、

「おはよー！」

とかそんな簡単なことだけにして、学校に来なくなったことには少しでもふれないでほしかった。

（自分はここにいちゃいけないんだ）

って思った。今では本当にバカらしいほど、ちっちゃなことだけど、当時はすごくおっきなことで、何言われても悪口にしか聞こえなくて、人に会うのが怖くなりました。死んだ方が楽なのかもしれない。私が死んでも誰も悲しまない。どっか遠くに消えてなくなりたい。そんな時、自死してしまいたい。そう思いました。一度入ってしまったからをやぶることはとても難しいことです。（怜奈《れな》）

もともとはこの三年生と一緒に小学校時代を過ごした怜奈。震災の影響で引っ越しを余儀なくされ、泣く泣く転校していきました。しかし、転校先での「アウェー感」が、彼女を学校から遠ざけました。何気ない言葉の小さな棘が、大きな凶器となって彼女の身を切り裂いたのです。

不登校となった彼女は、もともと一緒に小学校時代を過ごした仲間のいるこの中学校に戻ってきました。そして、やっと自分の胸の内にため込んでいた思いを、打ち明けたのです。「自分は生きてていいのか……なんで生まれてきたのか」その悩みを仲間と共有したことが、彼女の心を少しずつ溶かしていきました。

私はできるだけ人に頼るのが嫌です。それはもし自分がその人に頼ってしまったらということを考えてしまうからです。……そして、私には今小六の弟がいます。弟は震災前とても明るくいつも笑っていました。泣き虫でもありました。この泣き虫な弟がいたことで、「もう一人しかいない弟を守らなければならない」「弟につらい思いをさせたくない」という気持ちが、また私を一段と人をあまり頼りたくないという人格をつくりあげていったのではないかと思います。……私は「自分のことをよく知っているのは自分だけ」と思っていました。しかし、それは違ったのです。私は自分のことをよく分からないという事が分かったのです。それが分かった時、私は「私は弟をほんとに守る資格があるのか?」「自分のことも分かんないくせに人のことなんて守れるのか?」という疑問におそわれ、寝れないこともたくさんありました。

（亜美）

亜美は、初めての三つ年下の弟について綴ってきました。それは生き残った弟への愛と、これからの不安が同時に詰まったものでした。まだまだ甘えたい時に、両親を失ってしまった弟。その弟を亡くなった親代わりに育てなければならないという責任感、あまりにも大きな重荷、さらに震災後に身を寄せた母方の実家の祖父の急死など、ゆっくりと弔うことも許されない現実が亜美を覆っていました。何とか自分が弟の面倒を見ていかなければならない――唯一残された家族への思い、姉としての責任感は半端なものではないのです。私たちは、まだ子どもたちの心が震災真っ只中なのだということを思い知らされたのでした。

(5)「命」とは何か(その五)～「命の価値」について考える～

第五時は、他の時間と違い、二人の子どもの作文を巡る「討論」という形で展開しました。「討論」という形で授業を構成したのはこの時間のみでした。

実は、第三時の授業の中で同じ班のゆきのと来瞳《くるみ》が自分たちの作文を巡って、ある「論争」をしていたのが気になっていました。それは「命の価値は平等か」というもので、「どんな人の命も平等」というゆきのの意見に対して、「人の命には重いもの、軽いものがある」という来瞳が反論していました。教室の隅で行われていた「論争」を耳にした私は、「これは別に時間をとって議論しよう」と提案し、一旦その場を収めていた経緯がありました。大事な内容でもあり、軽々に論じられるものでもないと考え、あえて「対抗図式」を持ち込み、現在の中学生、とりわけ震災を経験した子どもたちがどんな考えを表明するのか、どんな「命」観を抱いているのかを探ろうと考えました。

私は今日の授業で感じたことは、一人一人の命に大きい、小さい、価値ある、ないというものはないと思います。それは、人を殺してしまったりとか、犯罪をおかしてしまったりとか、どんなひどいことをした人でも、一つの命だと思っているからです。

「もし川で悪いことばかりした人と、良いことばかりした人、二人がおぼれていて、一人だけしか助けることができなかったとき、どちらを助けますか？」という質問があったとき、私は

「どちらも助ける」

と言うと思います。それは悪いことをしたとしてもどちらも平等だし、どちらかを助けないというのはできないからです。（ゆきの）

私は、今日の命の授業でもう一度、命とはどんなものなのか悩まされました。命には、大きい命、小さい命いろいろあって、命の価値がない人だっていると思う。なぜなら、殺人をおかした人は、生きる価値はあまりない。そして、人に優しくしたり、小さなことでも、ゴミを拾ったり、そんなことをした人には、生きる価値があると思う。……私なら、人の命より、自分の命が一番です。とても大切な人でも、母、父、友達、恋人だとしても、やっぱり一番大切なこと。……みんな口だけでは、自分が助からなくても、大切な人が助かればいいと言っているけど、結局、危機に落ちると、身近な人なんてどうでもよくなるものなのです。（来瞳）

問題の性質上、この「論争」はその正邪を問うのではなく、現在の中学生の「命」観を垣間見る絶好の機会、中学生の「本音」が反映する機会だと考えました。案の定、各学級ともに議論は沸騰しました。これまであまり議論に参加できなかった誠矢が、「命とは生きること」と発言し、仲間から感心されるなど議論は活発でした。

議論の焦点となったのは、人の「生き方」であり、結論的には、「人の生き方がどうであれ人の『命の価値』に変わりはない」という意見と、「人の生き方によって『命』の重さ、『命』の価値は違ってくる」という意見、そしてどちらとも言えないという意見のほぼ三つに分かれました。

「『よく生きる』ってどういうこと?」

「元々『悪く生きよう』としている人はいないいんじゃない?」

「人間誰でも何か罪は犯すんじゃない?」

「『命の価値が平等』ならなぜ日本には死刑があるの?」

「実際には貧富の差はそのまま『命の差』になっているんじゃない?」

このように幅広い「命の価値論争」が熱心に展開されました。中でも「死刑問題」や「貧困」の問題は、これからより広い社会へ漕ぎ出す直前の子どもたちにとっては、非常に重要な意味をもっています。想像力の欠如や無関心を打破する可能性を提示してくれました。

しかし、一方では「机上」を越えられない難しさも感じた。目前で祖父と祖母を失った子どもは、先の来瞳の意見に対して、

「俺のじいちゃんは実際に俺たちを助けて死んでいった。……あの津波を実際に体験してないのになんであんなこと言うんだ……」

と半ば憤りを込めて語っていたし、逆にゆきのの例えが現実離れしていたこともあり、それに賛同する意見も、例えば「よく生きる」ということをその人の善意や思いやりレベルの問題に矮小化する議論が多いのが特徴でした。議論の熱さとは裏腹に、論点が噛み合わないもどかしさも私には感じられました。

授業を参観した本校の教員からも、

「命の価値を問うのはナンセンスではないか」

との指摘も受けました。

「価値観は主観的なものであり、いくら議論しても結論は出ない」

という主旨の発言をしていましたが、だからこそ逆にみんなで議論する価値が生まれる、つまり意味が生まれると私は考えました。ぶつかり合いも含めて主観の交流は、内向きな心を抱く子どもたちにとっては極めて今日的な教育課題ではないかと思うのです。

また、「死刑論争」や「貧困」の問題は、その基礎となる知識や教養の幅と深さが、議論への全員参加を阻んでいたきらいがありました。

(6)「命」とは何か（その六・七）「私の見つめた『命』」を綴り、読む

一月。一年間取り組んできた「《命とは何か》を問う授業」も、いよいよ終わりを迎えようとしていました。卒業を間近に控えた子どもたち。高校受験の真っ只中、最後の授業を迎えました。

私は、一年間のまとめとして、「私の見つめた『命』」と題して作文を綴らせ、それを発表させました。

私は最初、この震災についての作文を書きたくなかったし、読みたくもありませんでした。だって、あまり自分の事を知られたくないし、嫌な事を思い出して書いたって自分には何の得もないからです。……しかし、私はみんなの前で読みました。すごく嫌でした。その授業中は、この作文を読んだことでお父さんやお

母さんとの思い出がちらつき、お父さんやお母さんの火葬、葬式の時の記憶が頭から離れませんでした。この時、授業中何度も涙がこぼれそうになりました。その度に私は下を向き、必死に涙がこぼれるのを我慢しました。……だけど、みんなが自分の作文を聞いて思ったことや感じたことを率直に書いてくれました。なぜかすごく嬉しかったです。自分のことをあまり知られたくないと思っていた自分がこの時に少し変われた気がしました。みんなからもらったあったかい言葉は今でも印象深く残っています。私はもしかしたらお父さんやお母さんがいなくてさみしかったのかもしれません。さみしくて夢の中で必死に手を伸ばし続けていたのかもしれません。……私はこの授業を通して自分を見つめ直すことができました。そして、自分の知らない本当の自分を知りました。それは本当はさみしいって思っていたり、嫌な事ばかり考えている自分です。（亜美）

私が前、作文を読んだ時、他の人から「蘭は親のために生きているのか」と言われました。それは言われてから自分は何のために生きているのだろうと考えることが何度もありました。やっぱりマイナスに考えることがありました。でも今は一番自分がやりたいこと、大切なこと、もの、人、夢があるから、自分はがんばって生きていられるんだと思いました。だって生きてないと命がないとできないことだから。……だけどやっぱり学校とか家にいて邪魔かなとか思うことがあって、今でもすごい気持ちが不安定になります。それを乗り越えるのが今の私の目標で頑張って生きていきたいです。（蘭）

亜美や蘭の正直な思いは、仲間の心を揺り動かし、触発されるように仲間たちは次々と自分の生活を綴ってきました。そこには相互に綴られたこと、語られたことを受け入れる「器量」と「作法」のようなものが存在していました。決して嘘のない独白や、個人的な秘密の暴露は、無条件に相互の信頼を獲得し得るという法則が明確に表れていました。本音をさらけ出すことを極端に嫌う中学生が、ここまで自分の思いをぶつけ合い、交流することは、そのまま互いの信頼関係を深めることとなりました。

また、この亜美の心の中に小さな火を点したのも、また隣人である仲間たちの言葉でした。亜美の頑張りを目の当たりにしてきた仲間たちの、温かくも率直な言葉でした。そこには震災を乗り越えた同志として、「共振」する言葉が並んでいました。

亜美さんは、自分の気持ちを強く否定しているように思えました。……大切な、今まで一番お世話になった人が消えてしまった事に怖さを感じ、大切な人を作ることが怖くなっているのではないかと思いました。大切だからこそ失いたくない、また一人になるのが怖い、そういう気持ちから手を伸ばそうとする自分が嫌になってしまうと思いました。

（比奈子《ひなこ》）

「亜美がなぜ手を伸ばし続けるのだろう？」という問いに、子どもたちは「大事な人をまた失ってしまう恐怖感があるのでは……」と考えました。大事な人を作らなければそういう心配はない－自分の中で完結するような人間関係だけを求める、そんな心性が働いていると推測した子どもたち。私はこの議論を心の中で泣きながら聞いていました。

そして、そこにこそ「共振」する子どもの姿を見たのです。これは「命とは何か」という問いの成せる最大にして、最高の技なのです。ここまで仲間の事を考える、友だちの生活に寄り添えるのは、「命とは何か」という問いが集団性をもつことの表れでもあります。みんなで問わずにはいられない問いなのです。亜美の悲しさに心が「共振」し、また亜美を巡る議論（＝仲間の言葉）に魂が「共振」したのです。

そして、それは「命とは何か」という一見摑みどころのない命題のもとに追究されたのです。共に学ぶ仲間の親の死が、極めて個別・具体の形で継続的に発信・追究され、それに子どもの思いが最接近した結果として、一人ひとりの「命」観やこれからの生き方が問い直されたのです。

最後に、印象的な作文がありました。それは菜穂という子どもの作文でした。「人間の根源的な優しさ」について、考えさせられる作文でした。その菜穂がまず最初に書いた作文は、次のようなものでした。

「命」＝「生きる」って何？　と書いてあったので、私なりに考えてみました。

「生きる」とは、つまり「幸せ」になることなんじゃないかなと思います。どんな形であれ、本人が「幸せ」と感じたなら、それがその人の生きる意味なんだと思います。

「幸せ」を感じない人はいないと思います。感じ方が大きくても小さくても「幸せ」であることに変わりはないからです。今まで辛いことしかなかった人も、今から「幸せ」が待っているはず。自分は不幸だと決めつけているから、小さな「幸せ」にも気づけないいんじゃないでしょうか。だからといって「今、自分は幸せだと無理矢理思い込め」ということではなく、ただなんとなくいつか幸せになれると少しでも信じていれば良いと思います。

（菜穂）

私はこの作文を読み、彼女にこう尋ねました。

「『幸せ』って、その人それぞれの感じ方の問題なの？」

そう言うと、彼女はしばらく考えた末に、最初に書いた文章の上に、大きな×印を書いて、次のように書き直しました。

やはりよく分からない。どれだけ考えても分からない。震災に限らず苦しさを味わった人を助けられないのがくやしい。同じ苦しさを知れないのがつらい。きれいごとばかり書いても意味がない。いくら話をきいても、その人の助けにはならない気がする。どれだけ自分ががんばろうと結局、他人事になってしまう。その人自身にはなれないから本当のつらさが分かってあげられない。

私はこの時、山田洋次《やまだようじ》監督の映画「学校」の最後のシーンを思い出していました。肉体を酷使した労働者・イノさん（田中邦衛《たなかくにえ》）の死をめぐって、焼肉屋を営む在日コリアンのオモニ（新屋英子《しんやえいこ》）は「その人が幸せだと思ったら幸せなんだよ」と持論を展開します。それに対して、若い労働者のカズ（萩原聖人《はぎわらまさと》）は「ボロ雑巾のように使われて死んでいった人のどこが幸せなんだよ」と食い下がります。映画は、優等生のえり子（中江有里《なかえゆり》）が「それを探すのが学校なんじゃない?」と言って、エンディングを迎えます。

私は、この小さな論争を思い浮かべながら、菜穂に質問をしたのです。そして、その答えが最後の作文でした。

この菜穂の心の叫びは、あのまなきの作文を読んだ時の私そのものでした。自分の中にある「非当事者性」に気づくことが、真の共感への「根」になります。このどうしようもない「非当事者性」の自覚こそが、嘘のない仲間への共感につながっていくのです。これを語れる菜穂の中に、私は「人間の根源的な優しさ」を見たのです。菜穂が泣きながらみんなの前でこれを読み上げるシーンに、私は救われたような気持ちになりました。

第五章

明日を、未来を創るために

天使の声

「あの声は本当に天使のようでしたよ……」

二〇一三年三月、鳴瀬第二中学校は五十五年の歴史に幕を閉じました。その閉校式の後、ある保護者からこんなことを聞かされました。津波に襲われた野蒜小学校の体育館での出来事でした。日も暮れ、津波に巻き込まれた方々が次々と亡くなっていく中、ある小学生が、

「ファイトー、ファイトー……」

と叫び続け、最後にはみんなで小学校の校歌を歌ったそうです。暗闇と極寒と静寂の中、響き渡るその声は地域住民を励まし、死に瀕した人々を勇気づけました。

その声の主は、「みかぐら」の実践で「胴取り」（歌を唄いながら太鼓を叩く役）で活躍した真由という子どもでした。

「みかぐらの歌声を聞きながら、あの暗い体育館での声を思い出しました……」

それを知っている住民たちは、閉校式の「みかぐら」で見事に幕上げ歌（「みかぐら」の

開幕の歌）を披露した真由の声に涙したのです。

震災直後から、子どもたちはありったけの力を振り絞って、生活を送ってきました。それは生きるためでもあり、自らの手で未来を切り拓くためでもありました。

しかし、平時に戻るにしたがって、子どもたちの生活に「正常化」のバイアスがかかり始めます。「学力テスト」がその好例です。それは子どもの生活を揺るがすとともに、実践における「共同性」の必要性も露見させるのでした。

一枚の絵

ここに一枚の絵があります。これは、子どもたちが自分の希望をハンカチに記したものです。子どもたちの多くは自分の住んでいた地域に戻り、新しい家を建て、元のようにみんなが一つ屋根の下で、平和に暮らしたいと願っています。ここには人間としてのまっとうな要求があります。ただ家族がそばにいて、一緒に食卓を囲み、他愛もない会話を交わす風景の復活を望んでいるのです。狭い仮設住宅の暮らしの中で見つけたものは、ごく平凡な我が家の風景なのです。最も小さく、最もローカルな願いこそ、子ども

子どもの「願い」

たちのささやかにして最大の夢なのです。

ここに、教育行政が求める学力像と、子どもたちが考える「幸せ像」のズレがあるのです。学校統廃合の議論の中では、小規模校では「競争心の芽生え」が阻害され、「学習活動での多様な考えや切磋琢磨する場面」が不足すると懸念され、したがって「適切な人数による部活動や学習での切磋琢磨と競争心を持たせる」ために統合やむなしとの結論に至りました。教育の根本原理に「競争」を置き、切磋琢磨こそ能力向上の決め手だと確信しているのです。競争万能主義、自由主義的競争至上主義が、いかに子どもたちの思いとかけ離れたものであるかは明らかです。「競争」よりも、「共同」する力が被災地では求められているのです。

これは、実際にあの震災を経験し、一緒に避難所生活を経験した一人として実感したことです。寒風の中で水を運び、空腹の中で衣類を配り、凍える手でトイレ掃除をした経験は何物にも代え難いものでした。吹雪の中、自転車をこいで生徒の安否確認をした時、ある母親が私に、

「先生、頑張ってください……私たちも頑張りますから」

と言って、一個のあめ玉と一本のジュースをくれました。なけなしの食料の中からい

ただいたあめ玉を頬張り、私は涙を流しながら自転車をこいだのです。危機的な状況の中で、見えたものの一つはこの「共同」することの大切さでした。

人間の根源的な優しさ

「『つなぐ』種目だから」

そう言って、運動会の作文に最後の全員リレーのシーンを綴ってきたのは、震災で父親を亡くした公成でした。

「消えていた光がともったようなそんな運動会でした」

その言葉に、私は心が震えました。

そして、何と言ってもまなきの作文は、私をはじめ多くの先生方の心を揺さぶりました。

「私は大好きな母を忘れそうになっています。……時間なんて経ってほしくないです……」

苦しい胸の内を告白してくれたまなき。私が心から泣いた「独白」でした。

震災後に出会った中学生は、みんな重い生活課題を背負い、深い傷を負っていました。その中で、仲間の存在の重さに気づき、地域の包容力の深さに気づいていきました。失ったものと同時に、手に入れたものもまた貴重なものでした。

震災直後の運動会の話し合いの中で、聖火の火を、

「鏡で光を集めておこそう」

そう提案した匡彦《まさひこ》もその一人でした。津波で自宅と両親が働く理容室を流され、直後は住居を転々としていました。両親は、ようやく手に入れた理容用具を持って、旧知の家々を回りながら、生活の糧を得ていました。

「ボランティアに髪を切ってもらう人が多くて、商売になりません」

物静かな父親は力なく嘆いていたのを思い出します。

その後、匡彦は狭い仮設に、家族五人で暮らすことになります。ある日、母親が、

「勉強する場所がないので、匡彦は布団の上で勉強してるんですよ」

と教えてくれました。受験生だった匡彦が、狭い仮設で、父母の仕事が終わるまで、部活で疲れた体を引きずりながら家事を行い、食事を作り、布団の上で勉強していたのです。母親はため息をつきながら、こうつぶやきました。

「だから小さい机でもあればなあって思うんです……」

はっとした私は、すぐに小さな卓袱台《ちゃぶだい》を買って届けました。

「おそらく同じような子どもがいるのでは……」

私は、慌てて全国の仲間に卓袱台の寄付を呼びかけました。

このように「想像力の欠如」や「温度差」の問題は、被災地の最前線でも起きていました。教育のテーマとして、「当事者性」や「想像力」の問題がもっと取り上げられてもいいのではないかと痛切に感じたのは、この時でした。

当然、私自身にもそれを鍛え上げる努力が求められました。公成の作文も、まなきの作文もそんな過程で綴られてきたものであり、私を鍛える鏡となるものでした。生活への洞察力がこれほど求められたことはありませんでした。

そして、その中で私が見たものは、「人間の根源的な優しさ」でした。それは、多くのボランティアの方々との活動の中でも感じました。

しかし、何と言っても自ら被災し、大切な人やものを失いながら、それでも人のために働こうとするまなきや匡彦の神々しい姿が、私に「人間の根源的な優しさ」を見せてくれました。これは私の得た宝物の一つでした。

語り部

最初に「みかぐら」に取り組んだ子どもたちは高校生になって、「語り部」活動を始めました。「TSUNAGU Teenager Tourguide of NOBIRU」（TTT）がそれです。

当時、語れなかった震災の真実、自分たちの経験したありのままを語り継ごうというのがその主な目的です。「みかぐら」の第一世代は自分たちの役割、その歴史的な責任を自覚し、この取り組みを始めました。

ほのかは自宅のあった場所に立ち、亡くなった祖父の思い出とともに、孫の迎えを待ちながら亡くなった事実から、「自分のせいでお祖父さんは亡くなったのではないか」という辛い思いをあえて語ります。

「みかぐら」のリーダーだった茉弥乃は、避難した野蒜小学校の体育館で起こった悲劇を語ります。津波にのまれながらも、幕につかまることができ、九死に一生を得た話は、津波の恐ろしさを聴く者の心に伝えます。

綾は、自宅が被災しなかった体験から、被災した仲間にどう関わろうとしたか、その苦しい胸の内を語ります。被災の軽重による微妙な心の有り様を静かに語りかけます。

いずれにしても、彼女たちは自分たちの経験を語り継ぐことが、亡き者への弔いであり、生き残った者の使命だと感じているのです。頑なに心を閉じて震災を乗り越えることも一つの方法ですが、彼女たちはあえてその道を選びませんでした。思い出すたびに涙が溢れ、語るたびに心が抉られる道をあえて選んだのです。

これは震災を経験した者にしかわからない感覚かもしれません。「生かされる」ということを実感した者にしかない直感かもしれません。「生かされた命をどう使うか」という突き上げるような問いは、誰にでも湧き上がるものではありません。亡くなった者を目の当たりにし、破壊され尽くした故郷を目にした者にしか湧かない感情なのです。

そして、それを誘発したのは、「命の授業」と同様に仲間の声だったように思います。自分の辛さをあえて語るためには、それを受け止めてくれる仲間、そして自分の声に応答してくれる仲間が必要なのです。これは「命の授業」と全く同じ構図なのです。誰かが受け止めてくれる安心感、誰かが反応してくれる安心感が彼女たちを支えているのは間違いありません。「語り部」と言っても決して一人でできる活動ではないのです。

さらに言えば、「みかぐら」の第一世代がこの活動を始めたというのも大きな意味があります。硬い大地から少しずつ芽を出し、太陽の光と澄んだ水を吸収して、彼女たちは育ちつつあります。「みかぐら」はその深く根を張るための一つの栄養になったのだと思います。故郷を担う世代は確実に育っています。

と同時に、次の災害（震災）に向けて、既に教訓の分かち伝えが始まっています。もはや「震災後」ではなく「震災前」なのです。もうカウントダウンが始まっていることを彼女たちは、直感しているのです。「内なる死者の声」はこうして時代へと引き継がれていくのです。

「一人の問い」を「みんなのもの」に

さて、「命とは何か」を問う授業が私たちに問いかけたものは、「一人の問い」を「みんなのもの」にすることの意味でした。佑麻の「命」への問いかけも、亜美の暗闇の中での問いかけも、蘭の自分の存在に対する問いかけも、みんなが「みんなのもの」にして初めてその意味をなしました。もし「一人の問い」を「みんなのもの」にすることができなければ、この授業の意義は生まれなかったでしょう。このことは一体、何を意味しているのでしょうか。

この授業は、あらかじめ何がしかの意味を用意し、それを一方的に押しつけるような授業、何かの価値を学ぶことに特化した授業、もっと言えば現在の「道徳」のような授業とは、全く違う発想でスタートしました。子どもの作文と語りで意味を編み出す授業、子どもが子どもの声に呼応して言葉を紡ぎ出す授業、仲間の本音に触発されて自分の本音をさらけ出す授業でした。仲間の声が、一人ひとりの心に一刀ずつ彫りを入れ、少しずつ心の輪郭を浮き彫りにするような、そんな授業だったのです。

普段は本音を打ち明けることなく、「何事もないように過ごす」無機質な生活の中で、ある者は心に鍵をかけ、ある者は創られたキャラの中で道化師を演じます。また、ある者は教室を飛び出して自分の殻に閉じこもり、ある者は学力偏重の社会に身を埋めていきます。

子どもたちにとって、本音を打ち明けることはタブーであり、中でも本音をさらけ出すことによって広がる「波紋」は、最大のタブーとして仲間から忌み嫌われるのです。

そして、こともあろうに自分自身も、他者の「波紋」を異質なものとして排除しようとするのです。この相互排除の論理は、適者生存の原理、自己責任の論理の中でますます強化されています。その中で、一人ひとりの「問い」（悩み・葛藤・逡巡等）を、「みんなのもの」にするというのは至難の業なのです。

「《命とは何か》を問う授業」は、それを喝破するほどのエネルギーを外に向けて発しました。それは一体なぜでしょうか。それを可能にしたものは何だったのでしょうか。

「本音」を語れる子ども・学校・社会を

それはやはり、本来タブーとして忌み嫌われる極めて個人的な体験、それも日常の生活では体験できないような壮絶な経験を、子ども自身が自分の言葉で語ることで実現したのです。佑麻の過酷な経験が仲間の心を開き、亜美の悲しい心の吐露が仲間の優しさを引き出し、蘭の自分の存在への疑問の声が多くの子どもの共感を引き出しました。「実は俺も同じ体験をしたことがある」「みんなそんなことを考えていたのか」「私の本音も同じ」という声は、子どもの作文の中でたくさん語られました。その土台として、先の「祭り」の再生を目指した運動会や、亡き人との交信・対話を企図した「みかぐら」、そして「生きている証」を探す授業などを通した、心とからだの真の交流がありました。

これらは、現在の学校教育が抱えている病巣に対する、一つのアンチテーゼでした。あらゆる場面で上昇志向と前向き思考が求められる教育現場では、自分の悩みや苦しさを吐露することは許されないのです。わずかでもマイナスオーラを発出し、後ろ向きの言葉で「波紋」を投げかけようものなら、それこそ排除の対象となるのです。だから、多くの子どもにとって苦しい場面が多いのです。少なからぬ子どもたちが、教室を飛び出し、保健室に駆け込む事実、別室にしか居場所を見いだせない事実を、私たちはもっと直視しなければなりません。

これは明らかに社会の構造を反映しています。「本音」を語ることを極度に自己規制しなければならない社会は、いずれ内部から瓦解していきます。

私たちはあの震災の中で、否応なく「無」から「有」を創り出す稀有な経験に遭遇しました。その中で、「学校を人間と地域の再興の場に」「文化学習の基底に『命の学習』を」などのテーマに必然的に行き着きました。あの敗北の風景の中から実践を紡ぎ出すしかなかったのです。

その結果、私たちが得たのは子どもの「本音」に耳を傾け、それに応える教材なり、方法を自前で探求することでした。それなしに現在の「いじめ」や「不登校」、さらには

「虐待」などの問題を解決することはできないと私は思います。

最後に

「命とは何か」という問いは、子どもたちによって「生きる（死ぬ）とは何か」「命は本当に大事にされてきたか」「美しい命とは何か」などの問いに、スパイラルに転化されていきました。「《問い》が《問い》を生む」状態が創り出され、そこに子どもたちの生活現実が映し出されたのです。

この「《問い》の自己増殖」現象は、結果的に「子どもたちが学びたがっているもの」と「教師の教えたいもの」とのズレがあるのではないかという疑問を私たちに投げかけました。

もっと言えば、子どもたちは答えを知りたがっているのではなく、自分たちで問いを立てたがっているのではないかと思うのです。

そして、思春期の子どもたちの「生きる」というのは、このどうしようもない問いを立て続け、果敢に挑み続けることではないかと思えてくるのです。

そういう意味で、「命とは何か」というのは、一つの大きな可能性を秘めたテーマであり、思春期の入り口で震災を体験した子どもたちにとって必要なテーマだと私は思います。

これは、震災の有無に拘わらず、学校教育全般において必要なテーマであり、教科や教科外における学習の内容を、「命」というテーマで再吟味し、学校としてどのような総合カリキュラムを構想するかが、喫緊の課題であるように思います。「命を守る」ことが教育の原点——このことを、学校の哲学として、再度、位置づけるべきだと思うのです。

あとがき

震災直後、後ろ髪引かれる思いで転任していったある先生は、子どもたちにこう言い残しました。

「津波は私たちの心まで流すことはできなかった」

あの震災の混乱の中で、子どもたちを残していく先生方の共通の思いは、この言葉に凝縮されていました。私はこの「流されなかった心」を何とか、教育の場で表現したかったのです。さらには、震災の中で無念の思いを残して逝った人々の、弔いの書として、私は本書を執筆しました。「祈り」と「鎮魂」の思いの一つが、このような形になったことをお汲み取りください。

さて、私は長い間、学校体育研究同志会（一九五五年創設。以下、「同志会」）という全国サークルで、理論と実践を学んできました。その中で、「スポーツや運動文化をいかに人間らしく、より豊かに改変していくか」ということを学んできました。そして、同時に「人間を、より人間らしく育てる」ことの意味を、体育の授業だけではなく、教科外の体育（行事や部活動）を含む学校全体として実現するための方法を学んできました。

今回、報告した実践の多くはこの同志会の理論と実践に支えられてきました。私はかつてこのサークルの先輩から、「地域」について、次のような言葉を教えられました。

「水は魚のエレメント」

「エレメント」とは「構成要素」という意味です。つまり、「魚」という生物を構成する要素の一つに「水」があり、しかもそれは絶対に欠かすことのできない要素なのだ、と。つまり、子どもにとって「地域」とはエレメントであり、その上に成り立つ学校もまた「地域」をエレメントとした存在なのです。「地域」を離れて学校は存在しないのです。

しかし、私は今、逆もまた真なのではないかと感じるようになりました。つまり、学校が「地域」を構成する大事な要素として存在しなければ、その存在価値はなくなるのではないかということです。学校があるからこそ「地域」が存在する――この視点に立つ時、改めて学校は何を教えるところなのかが見えてきます。

元小学校教員で、現在、一般社団法人「雄勝花物語」の共同代表の一人である、徳水博志氏は、私たちにこう語りかけます。

「学校が子どもにつける学力のうちで、最も必要なものは《社会参加の学力》です」

と。徳水氏は、奥さんの利枝さんとともに「雄勝ローズファクトリーガーデン」を拠点に、地域のお母さんたちと共に活動を進めています。地域のお母さん方の雇用の場、収入の場を提供しようと試みているのです。小さなガーデンの大きな取り組みです。

学校もこのように「地域」を構成する大事な要素として、その役割を再認識すべきです。

本書に登場する子どもたちは、いずれ「地域」を担う存在になっていくはずです。そういう意味で、学校・教師は子ども一人ひとりの願いや思いを聞きながら、いずれ「地域」を担う若者を輩出する場、「地域」そのものを育てる大切な場であるということを再認識すべきではないかと思うのです。

今、被災地では高台が整備され、新しい町づくりが始まりつつあります。元の町に戻りたいという子どもたちの願いは不可能になってしまいましたが、ここで学んだ子どもたちの行く末に、私たちは関心を持ち続ける必要があります。

本書では、数百年に一度という大災害を肌で感じながら、そこから這い上がるための教育のあり方を問うてきました。全てが暗中模索であり、実験的でした。実践の全体像と実像が浮かび上がるのは、まだまだ先の話です。本実践が、過去問となり、後世の助、さらには平時における実践の助となることを切に祈念いたします。

実践を進めるにあたり、様々な方々の協力と支援を仰ぎました。「《命とは何か》を問う授業」は、みやぎ教育文化研究センターの当時の所長の春日辰夫先生、所員の清岡修先生、東北福祉大学教授の数見隆生先生、宮城教育大学の千葉保夫先生、そして宮城教育大学名誉教授の中森孜郎先生から、貴重な助言をいただきました。この場を借りて、改めて御礼申し上げます。

また、「みかぐら」の指導・応援のために、遠くから何度も足を運んでいただいた、日本体育大学の久保健先生、元中学校教員で同志会埼玉支部の清水頭より子先生にも、心から御礼申し上げます。

本校の教員であり、同じ学年で取り組んだ千葉佳代子先生、平山隆之先生、阿部真理先生、坂本英子先生、津留詩織先生、そして養護教諭の濱田純子先生に心より感謝申し上げます。

そして、本書の刊行まで、辛抱強くご支援していただいたポプラ社の吉川健二郎氏に心より感謝申し上げます。

最後に、この震災で亡くなった教え子の奥田烈斗君、渡辺涼太郎君、森風賀君のご冥福を心よりお祈りいたします。

【註】

これら一連の実践については、「体育科教育」二〇一一年十二月号から二〇一三年九月号までの特別連載「被災地の子どもたちと向き合う体育実践〈一〉〜〈二一〉」と「たのしい体育・スポーツ」二〇一二年一・二月号、同年七・八月号、二〇一四年一・二月号をもとに大幅に加筆・修正いたしました。

なお、本書に登場する「《命とは何か》を問う授業」については、NHKスペシャル「命と向きあう教室〜被災地の15歳・1年の記録〜」（二〇一五年三月二十九日）として放映されました。

生老病死
MIZUNO

制野俊弘（せいの・としひろ）

一九六六年宮城県東松島市出身。
宮城教育大学大学院修了。
保健体育の教師として実践を重ねる一方、
「生活綴り方」と呼ばれる作文教育に取り組んでいる。
共著書に、「子どもと共に生きる体育の授業」（明治図書）
「からだ育てと運動文化」（大修館書店）などがある。
現在、和光大学准教授。

命《いのち》と向《む》きあう教《きょう》室《しつ》

2016年5月18日　第1刷発行

著者　制野俊弘
発行者　長谷川 均
編集　吉川健二郎
発行所　株式会社ポプラ社
〒160-8565　東京都新宿区大京町22-1
電話　03-3357-2212（営業）
　　　03-3357-2305（編集）
振替　00140-3-149271
一般書編集局ホームページ　http://www.webasta.jp/
印刷　中央精版印刷株式会社
製本　株式会社ブックアート
装幀　坂野公一（welle design）
組版・校閲　鷗来堂
カバー写真・本文写真提供　制野俊弘

N.D.C. 916/184P/19cm　ISBN 978-4-591-15020-7